"家教门风"系列丛书

读懂我的 N 岁孩子

8—10 岁

尚立富 ◎ 丛书主编
周少贤 ◎ 本书主编

现代教育出版社
Modern Education Press

图书在版编目（CIP）数据

读懂我的N岁孩子. 8-10岁 / 周少贤主编. —北京：现代教育出版社，2023.12

（"家教门风"系列丛书 / 尚立富主编）

ISBN 978-7-5106-9361-8

Ⅰ.①读… Ⅱ.①周… Ⅲ.①小学生—家庭教育Ⅳ.①G782

中国国家版本馆CIP数据核字(2023)第231061号

读懂我的N岁孩子（8—10岁）
"家教门风"系列丛书

出 品 人	陈 琦
丛书主编	尚立富
本书主编	周少贤
选题策划	李 硕
责任编辑	王海平
封面设计	赵歆宇
出版发行	现代教育出版社
地 址	北京市东城区鼓楼外大街荣宝大厦3层
邮 编	100120
电 话	010-64252230（编辑部） 010-64256130（发行部）
印 刷	北京建宏印刷有限公司
开 本	710 mm × 1000 mm 1/16
印 张	10.625
字 数	150千字
版 次	2023年12月第1版
印 次	2023年12月第1次印刷
书 号	ISBN 978-7-5106-9361-8
定 价	45.00元

版权所有 翻印必究

"家教门风"系列丛书编委会

丛书主编：尚立富

丛书执行主编：邓林园

丛书编委：（按姓氏笔画排序）

马博辉　王亚鹏　王美璇

史　篇　刘　丹　李建春

张铁军　陈珏君　陈　萱

周少贤　孟　薇　彭　曦

温爱丽

目录 Contents

PART1 小学生成长的关键期

第1章 孩子的大脑与身体
1. "马虎"的背后是什么 …… 2
2. 开始用"心"看世界 …… 6
3. 不可忽视的"男孩危机" …… 8
4. 放手让孩子尽情奔跑 …… 10

第2章 孩子良好习惯的培养
1. 如何应对"夜猫子"和"小赖床" …… 12
2. 如何让孩子告别磨蹭 …… 14
3. 如何让孩子做一个真正意义上的劳动者 …… 19
4. 如何让孩子养成良好的个人卫生习惯 …… 21

第3章 孩子的情绪和社会性发展
1. 理解孩子的愤怒，引导孩子表达情绪 …… 23
2. 报喜不报忧：孩子的体贴还是家长的失误 …… 26
3. 要不要让孩子加入班里的小团体 …… 31
4. 孩子之间的"冲突"正常吗 …… 32

第4章 孩子的道德认知和价值观发展
1. 如何面对孩子的攀比之心 …… 36
2. 如何让孩子拥有一颗感恩的心 …… 39
3. 如何应对孩子的谎言 …… 41
4. 如何培养孩子的集体责任感 …… 44

目录 Contents

PART2 | 智慧的父母

▶ **第1章 孩子进入中年级阶段，你准备好了吗**
1. 不断学习和成长，做孩子的榜样　　48
2. 忘掉"别人家的孩子"　　50
3. 爱孩子，先爱孩子的爸爸（妈妈）　　54
4. 欢迎朋友进场，父母开始离场　　58

▶ **第2章 给孩子提供多方面的帮助**
1. 开始独立完成作业　　60
2. 当心"三年级现象"　　62
3. 如何看待"我好喜欢你"　　64
4. 兴趣的岔路口，向左还是向右　　67

▶ **第3章 做孩子的朋友和导师**
1. 多一些观察，少一些评论　　70
2. 孩子独自上学，需要做哪些准备　　74
3. 多一些倾听，少一些建议　　76
4. 别让孩子"输不起"　　79

▶ **第4章 孩子教育的几个重要话题**
1. 如何应对孩子对电子产品的喜爱　　82
2. 安全意识时刻不可松弦　　84
3. 如何与孩子谈论生死　　85
4. 陪孩子对校园欺凌说不　　89

目录

PART3 温暖有爱的家庭

▶ **第1章 怎样营造良好的家庭氛围**
1. 与孩子一起读书学习　　　　　　　94
2. 与孩子一起制定并遵守家规　　　　96
3. "我们仨"的"珍珠"时刻　　　　　98
4. 召开家庭会议吧　　　　　　　　　101
5. 充满魔力的家族力量　　　　　　　103

▶ **第2章 怎样陪伴孩子**
1. 叛逆不是孩子的错　　　　　　　　107
2. 上下学路上的亲子沟通　　　　　　109
3. 孩子，我还是要抱抱你　　　　　　111
4. 孩子，我们一起读书吧　　　　　　113

▶ **第3章 创建良好的家庭环境**
1. 一个完全属于孩子的"地盘"　　　 116
2. 营造良好的邻里关系　　　　　　　117
3. 爸爸，请多陪陪孩子　　　　　　　120

▶ **第4章 保持良性的家校沟通**
1. 班级活动，与孩子共同参与　　　　124
2. 沟通的不仅仅是问题　　　　　　　126
3. 跟孩子一起说："老师，谢谢您！"　127

目录 Contents

PART4 帮助孩子走向社会

▶ **第 1 章 走向社会需先了解社会**
　　1. 充分利用假期，积极投身社会实践　　130
　　2. 遵守公共场所秩序，不当"熊孩子"　　132
　　3. 知法守法，远离青少年犯罪　　134
　　4. 了解社会，从关注社会热点开始　　137

▶ **第 2 章 孩子社会能力的发展**
　　1. 做讲文明懂礼貌的孩子　　140
　　2. 重视孝道，布置"孝心作业"　　143
　　3. 让孩子了解自己的权利　　145
　　4. 网络冲浪需谨慎　　148

▶ **第 3 章 孩子的社会体验**
　　1. 孩子的社会责任感培养并非次于学业　　150
　　2. 做节约环保小卫士　　153
　　3. 公益活动不是"一时"，也不是"一事"　　155

▶ **第 4 章 孩子社会交往的几个方面**
　　1. 孩子的文明旅游与中国国际形象息息相关　　157
　　2. 家国情怀需要培养　　158
　　3. 不可或缺的传统文化教育　　160

PART 1

小学生成长的关键期

- 第1章 孩子的大脑与身体
- 第2章 孩子良好习惯的培养
- 第3章 孩子的情绪和社会性发展
- 第4章 孩子的道德认知和价值观发展

第1章
孩子的大脑与身体

小学三、四年级的孩子多处于8—10岁的成长阶段,这个阶段在小学教育中正处于从低年级到高年级的过渡期,孩子的生理和心理都在发生非常明显的变化。随着知识和经验的积累,三、四年级孩子的注意力、记忆力、观察力、表达力等学习能力不断提高,注意的目的性增强,注意力保持的时间更持久,能够达到20—30分钟。孩子的身体发育速度加快,女孩的发育水平一般会超过男孩,表现出显著的性别差异。另外,孩子的活动能力增强,"熊孩子"经常出没,但安全意识不强,易冲动、鲁莽行事。

1. "马虎"的背后是什么

浩浩今年上三年级了,成绩不是很好,最主要的原因就是学习的时候特别马虎,每次考试,大部分丢分都是因为马虎。比如数学经常出现计算错误,忘记写单位,抄错计算结果,甚至落题不答。语文学习同样马虎,d和b不分导致拼音写错,抄写生字经常抄错部首,有些字甚至只写了半边。浩浩的妈妈经常提醒浩浩要认真看题目和答题,可是似乎一点儿用也没有。

像浩浩这样粗心和马虎的孩子在小学阶段非常常见,是什么因素导致这些孩子马虎呢？仅仅是因为孩子学习态度不认真、学习不努力吗？下面跟家长简单分析一下造成孩子马虎的原因①。

原因一：视觉感知不全面

人是通过各种感官来感知这个世界的。学习中读题的过程就是在依靠视觉感知数字、符号或由数字与符号组成的式子。但三、四年级的孩子视觉感知的范围还比较小，感知细节的能力也比较弱，在对题目的感知过程中常常会不全面，特别是当一些内容具有一定隐蔽性或者误导性的时候，孩子就很难发现。所以在生活中如果让这个阶段的孩子寻找一些东西有时会非常困难，孩子的视线似乎是直的，放在眼皮底下的东西却看不到。

原因二：注意分配能力差

"蚌弹雀则失鹞，射鹊则失雁。方圆画不俱成，左右视不并见。人材有两为，不能成一。"这则古语生动说明了人的注意分配的有限性。想要很好地分配注意，首先需要熟悉同时进行的两种以上的活动，而且其中一种活动在某种程度上需达到"自动化"水平。也就是说，在同时进行的多种活动中只能有一种活动是生疏的，需要集中注意力，而其余活动必须已达到一定的熟练程度。或者，同时进行的几种活动之间存在内在联系，注意分配就容易些。注意分配时，大脑要始终保持正常的兴奋状态，因为注意分配的主要活动是在大脑皮层的优势兴奋中心进行的，那些"自动化"的活动则是在其他处于一定程度抑制状态的皮层区域进行的。

原因三：定势错觉

定势是指由先前心理活动所形成的心理准备状态，影响着同类后继心理活动的趋势。定势错觉即受到前面感知材料的影响而形成心理定势，以致产生错觉。在日常生活中，定势有时起促进作用，使心理活动完成得既快又好；

---

① 郑义臣，吉广庆."粗心"的心理学探讨及对策[J].继续教育研究，2001（6）：107-108.

有时却会阻碍人的创造性的发挥，影响心理活动的加工效率。如人多次感知大小不等的球后，对大小相等的球也会感知为不相等。这种定势错觉使心理活动表现出惰性、呆板特征，进而出现错误。

为了帮助孩子纠正粗心马虎的习惯，可以根据上述原因采取一些有效的策略。

策略一：重视首次感觉与反复感觉

也就是说要培养孩子认真仔细审题的习惯，尽可能创造多种条件让孩子动手、动脑，反复感觉，努力帮助孩子克服感知不全面的缺陷；还要注意加强题后的对比练习，加强题式、题样的变换训练。只有这样，孩子感知事物才能全面、真实、充分。另外，我们对孩子因"粗心"（感知不全面）而出现的错误应给予理解，绝不能采取简单粗暴的态度，认为孩子就是故意不好好学习。理论上，随着年龄的增长，感知不全面现象将逐渐减少。也就是说，孩子年龄越小，感知往往越不全面、不充分，越容易出现"粗心"的错误。

策略二：帮助孩子解决注意分配能力差的问题

孩子在精神饱满的时候，也就是在神经比较兴奋的状态下，注意分配能力可达到较高水平。比如晚上学习到太晚，在非常困倦的情况下就容易出现马虎的现象；早晨刚刚起床，在精神比较饱满的时候就不容易出现错误。所以，在孩子做家庭作业的时候，家长可以引导孩子把需要集中注意力才能完成的部分放到前面。

策略三：最大限度地排除分散孩子注意力的不利因素

比如书桌上不要摆放过多物品，家长不要在孩子写作业的时候大声说话或者看电视、打电话，尽可能让孩子的注意力集中在与注意事物相关的事情上。在孩子开始写作业的时候，先让孩子整理一下需要完成的作业有几项，然后一项一项按顺序、有条理地完成，这样有助于孩子集中注意力。

策略四：让孩子反复练习学习材料

适当的反复练习可以提高孩子完成学习任务的熟练程度，再粗心的孩子也不会将"1+1"算错，就是因为这个题目对孩子来说太熟悉了。可以适当地加大练习题量，不断反复练习，比如对于"口算"这种孩子容易粗心马虎的学习任务，最好的办法就是合理制订计划后多做、勤练。

策略五：引导孩子分解学习任务

对于在学习中非常容易马虎的孩子，还可以引导他们将学习任务分解成几个部分，这样可以阶段性地简化学习任务。学习任务被分解后，孩子不容易出现疲倦，进而降低出现粗心马虎情况的可能性。

策略六：训练孩子学会自己检查

对于学习任务，很多孩子认为自己只需完成答题，之后由家长来检查。家长检查对于一、二年级的孩子来说是很有必要的。但是孩子上了三年级之后，家长要逐渐引导孩子自己检查，让孩子自觉地进行反思性思维活动。认真检查是一个质疑的过程，在质疑的过程中孩子会开动脑筋，活跃思路。检查是改正错题、避免漏题的重要学习步骤，认真检查的过程可以培养孩子细心、耐心的品质。

检查的方法也非常重要，家长要告诉孩子正确的检查方法，比如让孩子学会在分析问题时注意关键词、关键句，分清已知条件和题目要求。必要的时候可以拿笔记录、计算，而不仅仅靠看。另外就是要有重点地检查，可以先检查在做题时有疑问的题目，以及内容比较重要的题目；当然如果时间充足，可以一道题一道题地检查。

2. 开始用"心"看世界

和一、二年级的孩子相比，三、四年级孩子的观察力有所发展，他们不仅学会用眼睛看世界，还开始用"心"看世界。这一阶段的孩子已经可以有目的地进行观察，虽然他们还不会独立地给自己设置观察任务，但是在成年人的引导下，可以进行比较系统的观察。

三、四年级孩子观察的精确性有所提高，可以注意到事物的细节，在观察的顺序性上也有较大进步，在系统地观察事物时，能从头到尾边看边说，而且在表述前往往能先想一想，即加工观察到的材料，做系统化整理。另外，随着抽象思维的发展，孩子观察的深刻性有显著的发展，主要表现为观察力中的分辨力、判断力和系统化能力有明显的提高。实践证明，孩子观察力的培养应该从小进行，世界上许多伟大的发明家、科学家从小就善于从生活中发现问题并解决问题。家长要重视对孩子观察力的培养，注重培养孩子的观察兴趣，可以尝试以下几种策略。

策略一：精选观察对象，激发观察兴趣

生活是丰富多彩的，有很多吸引孩子们、让他们好奇的事情。比如一场好看的电影、一次快乐的旅行、一场有意义的讲座、一次印象深刻的参观、一次好玩的活动等，这些都是孩子非常感兴趣的事情，可为他们提供很好的观察契机。家长可利用好这些观察契机，激发孩子的观察兴趣。

策略二：有效指导，进行合适的引入和提问

三、四年级孩子的观察过程非常需要家长的参与和指导，家长要教会孩子设定明确的观察目标，掌握正确的观察方法、观察顺序。如教孩子按照从上到下、从左到右、从远到近或从外到里的顺序进行观察，告诉孩子在观察时先观察什么，再观察什么。这样孩子可以仔细对比，反复思考，对观察对象层层深入地分析探究，发现事物细微之处，捕捉隐蔽的特征，如由现象到本质，由原因到结果，由结果推及原因，对事物的认识不断深化。为了达到这种观察效果，家长在语言指导上需要进行合适的引入和提问，要有条理、有目的地提问，通过提问让孩子形成良好的观察习惯。

策略三：做好观察记录和总结

为了得到更好的观察效果，做好观察记录是非常重要的。观察记录的形式比较多样，如绘画、文字、表格、图像等等，要根据观察的具体内容和观察的条件选择合适的记录形式。如在观察植物的生长过程时，可以选择绘画的形式进行记录；记录换季期间每日温度的变化，可以采用表格的形式；参观博物馆时，文字形式的观察记录比较合适。在观察活动中，需要留给孩子充足的记录时间。观察结束后，要根据孩子的观察记录和主观体验，让孩子找出观察对象的特点和规律，总结观察体会。对观察进行记录和总结，可促使孩子再次审视自己得到的信息，进一步加深印象，提升观察力。

拓展阅读

观察品质的四个表现

（1）观察的目的性：主动确立观察目标，能够排除干扰，给自己提出明确的观察任务。小学生观察的目的性会随着年级的升高而逐渐发展。

（2）观察的精确性：观察认真、仔细，能发现个体的个别部分或颜色等个别属性，可以表述细节。三、四年级小学生观察的精确性明显提高。

（3）观察的顺序性：能系统地观察，可以按照一定的顺序，从头到尾边看边说，而且在表述前往往能先想一想，即加工观察到的材料，做系统化整理。

（4）观察的深刻性：不仅注意事物表面的、外在的特征，还可以看到事物之间的关系，善于揭露事物的本质特征。小学三、四年级的学生，观察力中的分辨力、判断力和系统化能力会有明显的提高。

3. 不可忽视的"男孩危机"

天天的生日在8月底，他刚刚上小学的时候，周围的人都羡慕他，觉得他可以在达到学龄的第一时间入学，不像一些9月份以后出生的孩子要等到下一年。但是上学不久，天天妈妈发现天天在很多方面落后于班里的孩子。等天天到了三年级的时候，这种差距似乎更大了：班里的很多女孩开始迅速发育，个子蹿得很高，跟天天站在一起，俨然姐弟一般。有些女同学已经开始看综艺节目，讨论是演员A漂亮还是演员B漂亮。她们写字工整，自律能力强，学习成绩优异。但是天天依然喜欢玩具小汽车，喜欢看动画片，书写不工整，学习马虎，没有努力学习的意识，在能力和心智上感觉比班里的女孩至少小2岁，这让天天妈妈非常发愁。

"男孩危机"指男生在学业、体质、心理及社会适应能力等各方面落后于同龄女生的现象。这种危机是全线性的，并不仅限于学业，在体质、心理及社会适应能力等各个方面都呈现"弱势"。对此如果处理不好，会让孩子变得自卑，特别是如果家长不能正确看待男孩这种晚熟造成的暂时落后，经常指责、批评，没有耐心引导，这样会给男孩的心灵带来创伤。家长要注意以下几个方面。

第一，家庭教育的方法要科学合理

要按照素质教育的理念和方法，根据男孩发育的规律进行科学的教育和培养，不做"拔根"教育，要多表扬和鼓励男孩，将评价尺度适当放宽。例如，与其说"你怎么又做错了"，不如说"虽然你做错了，但是坚持做了好几遍，我为你感到自豪"。男孩生性好动顽皮、胆大、好奇心强，在成长过程中难免会犯一些错误，这就需要家长宽容孩子的错误。家长无条件的爱，可以让孩子自尊自爱的种子得以发芽生长。但这种无条件的爱也需要设定界限，当孩子越界时，家长要表明只对他的这种行为失望，而不是对他本人。

第二，对孩子开展"性别教育"，促进男孩健康成长

俗话说"男女有别"，男孩和女孩不仅在生理上有明显差别，在心理上也存在显著差异。家长要让男孩看到自己跟女孩的不同，科学引导男孩寻找和发展自身的优势，积极做一些有性别优势的项目。男孩多喜欢运动、竞争和探险，不喜欢单调的肢体动作。如果家长能给孩子创造机会多参加运动探险类活动，如竞技体育、军事夏令营等，往往可以帮助男孩建立性别自信。

第三，有意识地引导男孩克服自己的"性别弱势"

引导方法主要包括以下几种。

帮助男孩学会独立

通常情况下，男孩日常生活自理能力比女孩差，遇到一点麻烦就要父母帮忙，这极不利于男孩意志力的培养。因此在日常生活和学习过程中，要鼓励男孩自己收拾房间，自主完成作业，自己安排阅读。

培养男孩的自控力

在生活和学习过程中，男孩的自控力普遍比女孩弱。因此，家长要培养男孩自我鼓励、自我禁止、自我命令以及自我暗示的能力，不可一味地满足孩子所有的要求。要坚决拒绝男孩的不合理要求，让他们明白，并不是所有的要求都能被满足。还可以为孩子制定一些简单明了的家规，一旦制定，就要坚持不懈地督促他们执行。

让男孩品尝一下"苦果"

和女孩相比，男孩一般比较粗心，学习、生活中常会出现因粗心大意造

成差错的情况。所以家长很有必要让他们品尝一下因粗枝大叶、漫不经心酿成的"苦果"，这样，他们才会受到触动，吸取教训，逐渐养成认认真真、踏踏实实做事的好习惯。比如孩子自己收拾书包，忘了带课本，让他接受老师的批评教育，尝到"苦果"之后教训会更深刻。

4. 放手让孩子尽情奔跑

牛牛上三年级了，越来越喜欢玩手机，经常每天一放学就跟家长要手机玩游戏。只要有点时间，他就想玩手机，根本不愿意出去玩，还总说外面脏。这是因为牛牛从小在户外活动的时候，妈妈就不断地告诉他这个不能碰，那个不许摸，很多东西都很脏，也不愿意让他尽情疯跑，怕出现磕碰、摔倒等安全问题。上了小学之后，出去玩的时间更少了，加上他也不愿意出去玩，整天在家闷着。学校老师反映牛牛上课的时候有点坐不住，不能集中注意力。牛牛长得瘦瘦小小的，身高和体重等指标都低于同龄的孩子。

随着孩子年龄的增长，很多家长为了孩子的学业不得不减少孩子户外活动的时间，加之电子产品的普及，在休息时间一些孩子更愿意玩电子产品、看电视，户外活动的时间不断减少。但众所周知，户外活动对孩子的成长发展非常有益：户外活动是儿童改善体质、促进健康的重要方式；可增进儿童与自然的关系；还是一种有效的教育形式，有利于儿童健康人格的培养。

因此，家长要鼓励孩子进行户外活动，支持、帮助孩子进行各种户外活动，并注意以下事项。

第一，保证足够的活动时间

每天为孩子安排至少1个小时的户外活动时间，家长在一旁陪伴，当孩子希望家长参与活动时，要尽量按照孩子的想法去做。如果因为特殊情况无法做到每天户外活动1个小时，周末的时候也最好留出一天时间让孩子走进大自然，在阳光下尽情玩耍。三、四年级的孩子精力旺盛，需要通过跑、跳等比较剧烈的活动来消耗多余的能量。

第二，作为同伴参与，不过多干涉

三、四年级的孩子越来越有自己的想法和主意，他们能够真实、明确地知道自己的内心世界。让孩子在玩耍中充分表达自己，尤其是孩子在与小伙伴们一起玩耍的时候，家长不应过多干涉，只需要保证孩子的安全即可。有些家长觉得这个阶段的孩子已经完全不需要家长这个"大玩伴"了，这么大就应该自己玩了，因此拒绝跟孩子一起玩。其实，这个年龄段的孩子在情感上仍然很依赖父母，他们需要通过与父母的共同玩耍、父母的陪伴来感受父母的爱。但现实中，家长与这个年龄段孩子的沟通更多的是学习方面，每天都围绕学习打转，在这个过程中孩子更多感受到的是家长的要求和批评。因此家长除了关注孩子的学习，还应该陪孩子到外面走走，一起嬉戏玩耍，共度幸福的亲子时光。

第三，做好安全教育

三、四年级的孩子活动能力增强，活动范围变大，活动的形式也更加多样，而且活动的时候易冲动，常常不会对活动的安全性进行评估。在这种情况下，如果不进行及时的安全教育，孩子就容易发生安全问题。

这个阶段孩子的安全教育包括交通安全、活动安全、防火安全、游泳安全、用电安全等方面的教育。家长要告诉孩子走人行道，不独自骑自行车上路，不在马路上追逐打闹；在户外玩耍时，要远离高压输电设备及配电室之类的地方，不到禁止靠近的地方做游戏，不做危险的游戏，外出玩耍要提前告诉家长。

第 2 章
孩子良好习惯的培养

三、四年级孩子的生理和心理都在发生非常明显的变化，这个阶段正是他们培养行为习惯、意志品质、学习能力的关键期。许多家长认为孩子的生活习惯可以慢慢培养，甚至觉得这个时期的孩子还太小不用刻意培养，孩子在成长过程中自然会养成很多习惯。但实际上，孩子的生活习惯在9岁后往往就不会发生太大变化了。对大多数孩子来说，很多习惯在这个年龄阶段已经形成。

1. 如何应对"夜猫子"和"小赖床"

童童是个三年级的小学生，童童的爸妈最近非常发愁一件事情，就是孩子自从上了小学，晚上入睡的时间越来越晚。一年级的时候他还可以在9点左右上床睡觉，但是后来慢慢地延迟到9点多、10点。到了三年级，童童晚上做作业、看课外书，有时很容易磨蹭到11点才去睡觉。早晨童童经常在妈妈一遍遍的催促声中痛苦地睁开眼睛，一副根本就没睡醒的样子。这样的情况让童童爸妈很担心！

晚上"夜猫子"、早晨"小赖床"，不少孩子的睡眠模式跟成人越发相近，睡得越来越晚。充足的睡眠是孩子智力发展和身体发育的重要保障。研究表明，7—12岁的儿童，每天推荐睡眠时间为9—11个小时，最佳睡眠时间是21：00—次日7：00，早上7：00—7：30起床对身体健康更加有益。所以培养孩子早睡早起的好习惯是至关重要的。对于家长来说，要想孩子学习高效，首先要使其作息有规律，因为生活习惯会影响学习效果。培养孩子早睡早起的良好作息习惯，可以参考以下几个方面。

第一，不要让孩子太忙碌

每天早上6点起床，想一会儿下午该怎么练琴、练什么，然后7点上学。下午放学练琴或者写作业1小时，吃完晚饭以后练1小时琴，之后做未完成的作业、练古筝。节假日、双休日每天练琴一共5小时。

这是一名小学生在作文中描述的自己的时间安排。看完之后我们不禁感叹，现在有的孩子似乎比大人还忙碌，从周一到周日日程排得满满当当，各种各样的事情让家长和孩子都觉得时间不够用，只能占用孩子的休息和睡眠时间。长此以往，会影响孩子的身心健康。所以家长必须让孩子的学习和生活有所侧重，不能盲目追求"全而广"，不能别人的孩子学什么，就让自己的孩子也学什么，而是要"小而专"，找到适合孩子且孩子感兴趣的内容。

第二，合理安排孩子的睡前活动

睡前不安排趣味性太强或太刺激的活动，不让孩子过于兴奋。一些家长下班时间较晚，又想跟孩子互动，故安排了一些有趣或刺激的活动，结果孩子到了本该睡觉的时间，却睡意全无。对于已经制订好的时间表，比如计划晚上10点睡觉，家长最好不要以"特殊情况"为由，随便打乱。

第三，规律作息从家长做起

家长良好的作息习惯是影响孩子养成健康作息习惯至关重要的因素。家长常常工作或玩乐到三更半夜，这种晨昏颠倒的作息习惯会影响孩子正常休息。有的家长下班后陪伴孩子写作业，督促孩子洗漱，几乎没有太多自己的时间，只有等孩子准备睡了，才开始做自己的事情，如看电视、玩手机或者看书，但这样或多或少会影响孩子，特别是看电视、玩手机这些同样也很吸引孩子的事情，会影响孩子入睡。因此家长要尽量做到早睡早起，给孩子树立榜样。

关于早起，如果孩子早睡的目标实现了，早起的困难就小很多。当然，家长给孩子"叫早"的时候还是有些小窍门的。

窍门一："叫早"的时间要提前，给孩子一个从睡到醒的过渡期

相比于成人，三、四年级的孩子还处于睡眠时间较多的阶段，而且在一个晚上的睡眠周期中，儿童深度睡眠的时间要远远长于成人。深度睡眠时间较长意味着睡觉时孩子比成人难以醒来。所以家长如果希望孩子早上7点起床，那就需要6点50分开始叫孩子起床，给孩子一点时间醒来。一些家长希望自己一叫，孩子就立刻起床，其实这对于孩子来说是比较困难的。

窍门二：花样"叫早"，趣味"叫早"

家长可以设计一些比较有创意的形式帮助孩子更快醒来。比如有些家长会通过孩子喜欢的玩具叫早，趴在孩子耳边说："前几天给你买的玩具车到货了，你要不要起来看看它？"新买的玩具对孩子具有巨大的吸引力，对于熟睡中的他们来说很有唤醒力。还有的家长给孩子买智能闹钟，早上闹钟会准时叫醒孩子，然后播放新闻或者孩子喜欢听的故事、音乐，这种方式比家长一遍遍地叫起床要有趣得多，也有效得多。

2. 如何让孩子告别磨蹭

小雅是个做事情特别慢的孩子，在家里写作业前，找文具都要用半个小时。其他孩子做半个小时的作业，小雅却要做一两个小时，甚至有时吃一顿饭都要花将近一个小时。小雅还有个习惯就是喜欢一边上厕所一边看书，结果每次上厕所，没有半个小时出不来……放学后小雅到家就是这样的状态：妈妈催好几遍才慢腾腾地去房间准备写作业，刚刚把写作业的书本拿出来，晚饭时间又到了。吃饭的时候小雅又是说又是玩，家人吃完饭、洗好碗了，小雅还在吃。吃完饭小雅就要去厕所，等开始写作业的时候都快8点了。更让小雅爸妈生气的是，小雅写作业的速度也很慢，导致家里成天充斥着父母的催促声和呵斥声。

从心理发展的角度看，磨蹭是一种不良的行为方式，不利于提高学习效率，也不利于培养快速反应能力和思维的敏捷性，往往会影响孩子学习，甚至使孩子丧失积极进取的态度。面对孩子磨蹭的问题，家长可以采取以下做法。

第一，让孩子感受时间的流逝，了解时间概念

孩子磨蹭的一部分原因是他们对时间这个摸不着、看不见的抽象概念缺乏了解，他们没有体会到一个小时和一分钟的差别，因此有必要对孩子进行时间感知训练，让他们知道时间的流逝性、不可逆性，体会时间的宝贵。在实践中，每件事情不仅仅要求孩子做完，还要让孩子知道自己用了多长时间。另外，还可以通过一些小活动，比如问孩子"你知道一分钟可以做多少事情吗"，给孩子看一些珍惜时间的视频，讲一些有启发性的故事，有意识地跟孩子一起体会一分钟、一小时、一天等，帮助孩子形象生动地感知时间。

第二，培养孩子的独立性，让孩子经受必要的锻炼

许多孩子做事磨蹭是因为家长对孩子过分溺爱，凡事包办，令孩子丧失了锻炼的机会。因此家长需明白，该孩子自己做的事不可过多代劳。在孩子做事情的过程中，家长可以一边鼓励，一边给孩子提供有效的方法，充分锻炼孩子的独立性和动手能力。同时，也要下决心"管"，例如饭前规定合理的

用餐时间，要求孩子在规定时间内吃完饭，时间一到，就立刻收拾餐桌，即使孩子没吃好也不再允许他继续吃，让孩子承担磨蹭的"后果"，明白抓紧时间做事情的重要性。上文提到的小雅，经过进一步的了解发现，她是一个依赖性很强的孩子，穿衣脱鞋、收拾书包等，家长全部承包，每天上学该带什么、回家该完成什么作业，也是家长督促提醒。孩子失去了很多锻炼自己的机会，导致做事很慢，家长见孩子动作慢，又忍不住去帮，只会越帮越慢。长期下去，孩子在无意识中就会认为：我就慢慢做吧，做不完也没关系，有人会帮忙的。

第三，多鼓励孩子，善于发现孩子的优点

"快点，你磨蹭什么呢？"这是很多家长在面对孩子磨蹭时会说的话，这种话隐含着家长的无奈和对孩子的不满，但这种批评和催促的结果却是越催孩子越磨蹭，甚至很多孩子对家长的催促就像没听到一样。其实，孩子的进步和改变往往不是批评、指责和催促所能够带来的。相反，适当的鼓励，让孩子觉得自己很棒，反而会使他们更有动力。因为有些"磨蹭"和"慢"体现的是孩子的某种能力发展不足，是孩子没有完全长大的表现，这时孩子需要鼓励和支持，才可以慢慢改善。因此当家长发现孩子做某件事情的速度很快时，如果及时给予表扬，孩子的自我价值感就会增强，做事情就会变得又快又好。

第四，培养孩子的学习兴趣

很多孩子的磨蹭行为仅仅体现在学习方面，做其他事情的时候不是很明显。这种只在学习方面体现的磨蹭往往是由于孩子学习动机不明，动力不够，感受不到学习的乐趣和成就感。所以，家长要注意培养孩子的学习兴趣，一旦调动起孩子学习的积极性，磨蹭的问题就会迎刃而解。

下面再介绍一些可以有效改善孩子做事磨蹭的小策略。

策略一：在孩子的活动区放一个钟表

放置一个钟表的目的是让孩子清楚地知道任务是从什么时候开始的，现在时间已经过去了多少，让钟表这个计时工具督促孩子。钟表的摆放位置要醒目，让孩子可以一眼看到。

策略二：设置一些奖励，而不是层层加码

家长可以和孩子约定，如果孩子在规定时间内按要求完成事情，就可以给他一个奖励，这个奖励需要家长和孩子一起提前商量好。孩子感觉到做事快对自己有好处，他的动作就能够快起来。但是也有许多家长在孩子完成老师布置的学习任务之后，经常给孩子增加额外的学习任务。孩子心里很不情愿，但是又不敢违抗家长的"命令"，于是就想出了磨蹭的办法。如果家长不给孩子层层加码，而是把孩子节约出来的时间还给孩子，在孩子较快完成任务之后，让孩子用节省下来的时间做一些自己感兴趣的事情，孩子自然就不会磨蹭了。

策略三：巧用竞赛法

有竞争才有进步。孩子在做事情的时候，如果家长引入竞争机制，那么往往会有效改变孩子的磨蹭行为。在运用竞赛法时，可以采用以下三种主要形式。

第一，自己和自己竞争，主要是和之前的自己竞争。比如昨天孩子练一篇字用了 15 分钟，那么家长可以引导孩子今天在写字的时候努力超越自己，争取写得又好又快。

第二，和别的孩子竞争。家长可以与孩子一起制订一个和同学比赛的计划，并监督计划的实施。比如可以让孩子邀请同学到家里做作业，看看谁做得又好又快。

第三，和家长竞争。主要体现在家庭的日常活动中，让孩子把家长当成

竞争对象，如比一比谁不挑食、不剩饭，比一比谁衣服穿得快，比一比谁刷牙刷得好，等等。

使用竞赛法，家长需要提前给孩子做好心理工作，让孩子能够理智看待比赛的结果，告诉孩子胜负不重要，目的仅仅是激发孩子的内在动力，以避免孩子因为在竞赛中失利而产生一些负面情绪。

Tips 小贴士

孩子写作业磨蹭的几种类型[①]

（1）注意力不集中型，即孩子的整个心理活动不能持续集中在学习上，很容易被外界干扰而分心。孩子注意力不集中，有病理性的先天因素，但更多是后天习惯和环境所造成。

（2）过度依赖型，即由于孩子缺乏适当的训练，或者家长替孩子做得太多，导致孩子非常依赖家长，而家长又不断地迁就孩子，觉得孩子长大了自然就好了，导致孩子的心理成长和行为滞后。

（3）学习困难型，即孩子完成学习任务的能力欠缺，典型的表现就是孩子在不喜欢、不擅长的作业内容上会磨蹭。

（4）完美主义型，即孩子在学习过程中过度追求高标准，而不顾因此产生的消极后果。这种高标准导致孩子在做作业的时候反复检查、反复修改，进而拖延、浪费时间。

[①] 姜松梅，张勤．"磨蹭"的心理分析及其对策[J]．湖北教育学院学报，2006（7）：90-91．

3. 如何让孩子做一个真正意义上的劳动者

晨晨上三年级了，他在学校表现非常优秀，不但学习成绩好，二胡拉得也很棒，他还是学校足球队的主力成员。妈妈为了让晨晨可以把精力充分投入到学业和学校社团活动中，很少让晨晨做家务。偶尔让晨晨帮忙倒垃圾，他也非常不情愿。久而久之，晨晨几乎不做家务，晨晨的家长也没有让晨晨养成做家务的习惯，很多事情都是他们替晨晨做。

实践证明，人的许多优秀品质是在劳动中形成的。在劳动实践中，孩子可以培养珍惜劳动成果、吃苦耐劳、克服困难以及自强自立的良好品质。劳动让孩子体会到付出的艰辛，从而学会关心家人，懂得感恩。

美国心理学家威兰特的一项长期跟踪调查表明，爱做家务的孩子与不爱做家务的孩子，长大后就业比为15∶1，前者的工资也比后者高约20%，而且前者婚姻更幸福，更不容易患上心理疾病。因此，家长应该注意培养孩子劳动的意识和习惯。三、四年级的孩子随着动作能力、协调能力、思维能力等各方面能力的发展，已经可以独立完成一些劳动项目，不需要家长事事代劳。让这个阶段的孩子体会劳动的过程和价值，使他们成为真正意义上的劳动者，要注意以下几点。

第一，把握好孩子参加劳动的时机

很多家长认为孩子还小，不舍得孩子做家务，或是怕他们做不好家务帮倒忙，觉得可以等孩子长大了，再一点点教他们学做家务。但事实上，孩子一般过了10岁，就过了最具可塑性的时期，已经很难从家务劳动中感受到"新奇的挑战性"。因此，家长在孩子9岁之前就应该选择他们力所能及的劳动内容，对孩子进行培养，一些较难的内容可以由家长和孩子一起配合完成，让孩子承担其中的一部分。比如收拾厨房，可以让孩子擦洗橱柜的台面、较低的柜子，而油烟机、顶柜等不太好收拾的地方由家长完成擦洗。

第二，劳动要长期坚持

要让劳动成为一种习惯，每天都要坚持做。在现实生活中，有些家长只是偶尔让孩子做一些家务，如擦地、收拾餐桌等。那么偶尔做的一些家务劳动在孩子的心里就变成了一种游戏，他们体会到的更多的是新鲜、好玩，感受到的是游戏的快乐，而没有体会到劳动的辛苦。因此家长必须让孩子的劳动变成经常性的、长期性的行为，例如可以制订家务劳动日历，明确规定孩子每天应该做的家务劳动包括哪些。

第三，家长要言传身教，清晰地指导孩子劳动的细节

很多时候家长只是笼统地要求孩子去做家务，并没有手把手地教孩子如何去做。以收拾房间为例，在孩子刚开始接触这一劳动内容时，家长应和孩子一起做，边做边告诉孩子如何分类摆放书籍，如何铺床单、叠被子，不同抽屉如何分类存放物品并贴上标签，这样孩子就会清楚地知道他们应该如何做，从而完成真正意义上的劳动。如果家长不细致地示范和讲解，孩子可能会边收拾边玩，越收拾越乱。所以在孩子刚开始接触各种劳动内容时，家长必须一步步地教孩子，让孩子清楚地知道各种劳动的具体方法和步骤，要耐心指导，不要认为指导劳动是在耽误时间。

第四，劳动内容可以家务劳动为主

三、四年级孩子参加的劳动主要以家务劳动为主，家长可以让他们尝试下面这些劳动内容：

- ☆ 在前一天晚上准备好第二天要穿的衣服，起床时自己穿衣服；
- ☆ 独自准备上学的物品；
- ☆ 投放垃圾，懂得垃圾分类；
- ☆ 每周打扫一次自己的房间；
- ☆ 在家长的指导下叠好衣服，并把衣服放到衣柜里；
- ☆ 准备菜单，写采购清单，和家长一起到菜市场买菜；

☆ 为家人准备1—2种简单的饭菜；

☆ 洗碗，洗自己的内衣、袜子。

4. 如何让孩子养成良好的个人卫生习惯

壮壮的老师最近给壮壮的妈妈打电话，说班里同学反映壮壮有时会吃自己的鼻屎。之后老师找壮壮聊天的时候，确实发现壮壮似乎无意识地把鼻屎抠出来，又无意识地放进嘴里。这种做法让老师很吃惊，于是老师联系了壮壮的妈妈。但壮壮的妈妈听后非常平静，她说壮壮的爸爸就有抠鼻子的习惯，他甚至还喜欢在壮壮熟睡的时候给壮壮清理鼻子，久而久之，壮壮自己也开始抠鼻子，但没想到的是他会把鼻屎放进嘴里。

三、四年级孩子正处在成长期，此时期所形成的卫生习惯对今后的身体健康影响较大。这个阶段孩子的卫生习惯、观念除了受社会环境和学校的影响，在很大程度上还受家庭教育和家庭环境的影响。养成良好的个人卫生习惯，可以预防疾病，促进身体正常发育，提高健康水平。家长应该如何培养孩子良好的个人卫生习惯呢？可以参考下面三个策略。

策略一：从思想认识层面入手，重视孩子文明卫生意识的培养

让孩子树立正确的卫生意识，了解讲卫生的好处，知道不讲卫生的坏处，树立"以讲卫生为荣，以不讲卫生为耻"的意识。例如可以给孩子讲一些细菌、疾病方面的常识，让孩子阅读有关书籍或者让其观看相应的视频教育资料。只有孩子真正意识到整洁卫生之美，才能对脏丑行为产生强烈的厌恶之情。家长要定期检查孩子的个人卫生，通过不断地提醒和督促，强化孩子的良好卫生行为。

策略二：卫生习惯的内容应不断丰富和扩展

除了坚持洗手洗脸、勤剪指甲、每天刷牙等幼儿阶段就开始培养的卫生习惯，三、四年级的孩子还应该重点培养下面这些习惯。

第一，保持衣物整洁的习惯。不要早上干干净净地出门，晚上灰头土脸地回家，要有保持衣物干净的意识。

第二，养成良好的皮肤卫生习惯。三、四年级的孩子活动强度加大，皮肤容易积留灰尘、汗液和污垢，需经常清洗。坚持每天饭前洗手，按时洗澡、洗脸、洗脚，保持皮肤和头发干净。

第三，养成健康的生活习惯。比如不随地吐痰，不随意增减衣物，不喝生冷的水，远离垃圾食品，等等。

策略三：家长一定要在卫生习惯方面做好榜样

三、四年级的孩子对周围的事物有广泛的兴趣，他们对家长的很多行为同样感兴趣，家长是他们人生中最早的榜样。孩子每天生活在家长身边，家长的很多行为习惯会潜移默化地影响孩子。如果家长不讲卫生，孩子往往也会在不知不觉中养成一些坏习惯。

第 3 章
孩子的情绪和社会性发展

儿童情感发展的规律是由易变性向稳定性过渡。三、四年级是孩子情感发生变化的转折期，如果引导得当，孩子的情感控制能力将得到较大提高。随着孩子情感生活的不断丰富，他们的道德感、理智感、责任感、集体荣誉感也进一步发展。孩子交往的重心由家庭逐渐转移到学校，同伴关系成为影响孩子情绪变化的重要因素。但是，孩子毕竟年龄小，情绪控制能力相对有限，需要家长的悉心呵护和耐心指导。由于交往范围的不断扩大，认识能力的不断提高，孩子遇到的各种困扰也会随之增多，所以这个时期的孩子开始了"不安"的学习与生活。

1. 理解孩子的愤怒，引导孩子表达情绪

很多家长反映现在的孩子脾气越来越大，过去那种温顺、听话的孩子越来越少。许多孩子在表达情绪，特别是表达愤怒时很困难。这不仅因为表达愤怒通常被视为有敌意或攻击性行为，也因为愤怒是一种危险的情绪，如果处理不好会严重破坏人和人之间的关系，会给对方和自己造成身体和心理上的伤害。愤怒在人们的传统意识里是被禁止和拒绝的，对愤怒情绪最常见的

处理方法就是压抑。

航航是一个脾气特别大的孩子。有一天刚刚吃完午饭，航航非要吃冰激凌。妈妈不同意，跟航航说："今天天气一点儿都不热，而且你刚刚吃完饭，这个时候吃冰激凌对胃不好，等天气热了再吃吧。"可是航航却大喊着："我就要吃，我就要吃！"一边喊还一边大哭起来。妈妈只能非常严肃地跟航航说："妈妈说了，不许吃就是不许吃！"然后转身就想去做别的事情。就在这个时候，身后忽然传来"咣"一声，妈妈回头一看，原来是航航把窗台上的花盆摔到地上，花盆碎了，泥土撒了一地。妈妈见到航航这样非常生气，没有控制住情绪，过去打了航航一巴掌。打完之后，航航的妈妈也很茫然，她不知道这一巴掌该不该打，更不知道怎么去面对这样一个坏脾气的孩子。

为什么孩子总是特别容易发脾气，一点小事就点燃了他们的怒火？其实，从科学的角度来解释，这与孩子的大脑结构有关[1]。我国香港儿童行为情绪治疗师叶伟麟表示，孩子的情绪表现和行为与大脑结构有关。一方面在人的后脑处有2颗杏仁核，当人受到惊吓、威胁时杏仁核会发出信号，使人产生反射作用，知道要攻击或逃避；另一方面，有关的结构是前额叶皮质，掌管人的性格和情感，使人可以体察别人的想法和心情。不过，杏仁核跟前额叶皮质不会同时运作。前额叶皮质的发育从2岁到20岁逐步成熟，孩子会渐渐听得懂大人的话，知道长辈在讲什么。但孩子的情绪表现和行为更多是被杏仁核控制，所以他们会容易动怒、发脾气。当我们看到孩子情绪崩溃、大喊大叫、随意发泄怒火、怎么说都不听的时候，他很可能已经被杏仁核控制。这时我们需要体谅孩子，因为他们本来就面临着比成人更严峻的情绪挑战。

如何抑制杏仁核的情绪驱动力？可以参考以下几个方面。

---

[1] 如何面对一个愤怒的孩子 [DB/OL]. 360个人图书馆，[2017-08-26]. http://www.360doc.com/content/17/0826/15/37063_682278632.shtml.

第一，帮孩子说出他们的情绪

说出情绪可以刺激前额叶皮质输送安抚的信息到杏仁核，让杏仁核不要过度反应。通俗来讲，三、四年级的孩子还不能组织大量语言进行表达，更不会用言语把感情上受到的伤害全部表达出来，也就是说，他们情绪感受强烈，却无法全部表达。这个时候如果家长帮助孩子说出他们的情绪，如"对不起孩子，我知道你特别想吃冰激凌，但是妈妈不让你吃，没有考虑你的感受，这让你很生气"，把孩子无法说出的话说出来，就是在安抚和疏导孩子的情绪。当然也可以鼓励孩子自己用语言表达愤怒，认真地倾听孩子在愤怒时说出的语言，如："你能告诉妈妈你为什么这么生气吗？当你忍不住把花盆摔了的时候，你心里在想什么？"这样引导孩子倾诉、表达自己的愤怒。当孩子的愤怒能够表达出来，其实愤怒的情绪就已经疏解了一半。这样做的目的是让愤怒只停留在主观体验里，而不会发展到破坏性行为上，或者不让破坏性行为继续。

第二，理解愤怒背后的原因

愤怒是一种比较复杂的情绪，包含不同的维度，也存在一定的差异，如苦恼、恼怒、气愤，不同维度的愤怒反映了不同的内心问题。如果孩子的愤怒来源于家长对待孩子不平等、要求高、关注少，以及家长的误会和错误示范，等等，那么家长要理解孩子的愤怒，及时真诚表达内疚和歉意，如："妈妈向你道歉，你跟我说了三次需要帮忙，可是妈妈由于忙自己的工作没有理你，这是妈妈的错。你可以直接告诉我，但是你摔东西的做法妈妈很不喜欢，我希望以后不要再发生了。"

愤怒的另外一个来源就是挫败感。三、四年级的孩子已经开始希望对事物有所控制，但很多时候他们看到的仍然是自己的无能为力。在无法控制自己想要控制的事物时，他们除了叫喊和眼泪似乎没有别的方法来表达愤怒。

所以对于这个原因引发的愤怒，家长需要鼓励孩子："做不到也没关系，这个不会是很正常的，正是因为我们不会才要学习啊！"帮助孩子从强烈的挫败感里走出来，他们接受挫折之后，情绪也会逐渐平静。

第三，不急于区分对错，而是先帮孩子冷静下来

当孩子正处于愤怒中时，他们的大脑一般无法处理说教性信息，很难接收关于是非对错的分析。他们可能会觉得这种说教很烦，甚至产生更大的愤怒。所以当孩子特别激动或愤怒时，家长尽量不要急于说教，可以尝试拥抱孩子，心平气和地抚慰他们，身体的放松能帮助孩子从愤怒的情绪中脱离并平复下来。在条件允许的情况下，家长也可以给孩子创设一个可以进行无害发泄的环境。

第四，引导孩子学会表达自己的情绪

家长可以经常跟孩子讨论：今天你最开心的是什么？今天有没有一些让你觉得很伤心或者很生气的事情？今天你在担心或者害怕着什么吗？通过这样的练习，引导孩子及时了解和表达自己的情绪。

第五，面对愤怒的孩子，家长千万不能也愤怒

如果遇到特殊情况，你也被气得难以自制，最好还是离开一下，让另一位家长帮助孩子摆脱坏情绪，或者换一个时间，等自己的情绪比较稳定的时候再去面对孩子。其实，愤怒并不可怕，可怕的是孩子慢慢成为压抑愤怒的人，或者成为习惯用破坏性行为来表达愤怒的人。

2. 报喜不报忧：孩子的体贴还是家长的失误

孩子在渐渐长大，三、四年级的孩子开始有了自己的小秘密，他们有时

会因为怕家长担心，便不把坏消息告诉家长。所谓报喜不报忧，就是孩子会选择性地将一些积极的信息反馈给家长，如今天考了100分、今天第一个交作业等。但是一些负面的信息孩子却从不或者很少跟家长说，如在学校被老师批评或和同学之间闹了矛盾等。

欢欢是一名大学三年级的学生，她是家里的长女，从小听话、懂事，非常细心地照顾弟弟，放学回家后主动做家务，学习也非常努力，成绩一直都很好，在爸爸妈妈和亲戚朋友面前，她一直是一个名副其实的乖乖女。她习惯了只告诉家长开心的事情，而总是把不开心的事情憋在心里。从小在学校受了委屈她都一个人忍着，遇到什么困难也不会跟父母讲。上了大学之后也是一样，她明明无法适应大学生活，明明丢了生活费只能用很少的钱过一个月，但她仍然只是告诉父母自己过得很好，每天假装很开心地跟父母聊天。最终欢欢坚持不住了，长期的压抑让她的身体和情绪越来越差，她开始失眠、厌食，总是无法开心。精神科的医生诊断，欢欢患上了抑郁症。

由此可见，孩子一旦形成报喜不报忧的习惯，可能会产生非常严重的后果。作为家长，一定要鼓励孩子从小把开心的和不开心的事情都分享出来。不要以为孩子不说，家长就可以不问。其实孩子之所以会报喜不报忧，是因为他们觉得家长只接受"喜"而不接受"忧"，报忧会给自己带来惩罚和指责，会让自己没面子。所以家长必须努力改变孩子的这种看法，告诉孩子有"忧"也是正常的。

实现这一目标的核心就是家长应该以"无条件积极关注"的教育理念对待孩子的错误和不足。这种关注是没有任何先决条件的，不管孩子的表现是否优秀、做事是否正确。这种态度向孩子传达的信息是：不管你怎么样，爸爸妈妈都是爱你的，愿意接受此时此刻真实的你。在"无条件积极关注"下成长起来的孩子往往更加自信、真实，不会过分在意周围人的评价，能够心平气和地接纳自己的缺点和不足。

与"无条件积极关注"相反的做法是"有条件积极关注",即孩子只有满足了一定的条件,如成绩优秀、听话乖巧,家长才接受他们。在这种"有条件积极关注"的教育理念之下,很多家长希望自己的孩子优秀,虽然表面上是为了孩子好,但潜在的原因里却包含很强的自我动机,如不想让自己失望,不想让自己在其他人面前没面子,等等。孩子会慢慢体会到家长这种潜在的动机,觉得家长给自己提出的条件和对自己的期待是在满足家长的愿望,这会让孩子感觉很不公平,觉得做任何事情都是为了家长,而不是为了自己。

但"无条件积极关注"并不意味着家长要一直纵容孩子的错误或者是向孩子妥协,更多的是表达对孩子的一种理解和鼓励。当孩子出现不良的行为时,从他们的动机而不是行为结果来评价他们的行为或许更合适,因为他们这个时候的过错,往往是动机和能力不匹配造成的。

有一位叫罗伯特的父亲,攒了数年的钱,终于买下了一辆梦寐以求的小轿车,兴冲冲地开回家,准备清洗一下。在他擦洗爱车的时候,年龄很小的儿子也来帮忙。等他看到新车伤痕累累,才发现儿子手里拿的竟是厨房用来洗碗的钢丝球。罗伯特非常生气,儿子也吓得不知所措,这时的他如果冲上前去痛骂或暴揍孩子一顿,我们可能不会感到意外。但这位父亲战胜了自己的愤怒情绪,对恐惧中的儿子说:"傻孩子,谢谢你帮爸爸擦车。爸爸爱车,但更爱你!"

孩子出现过错,受到相应的惩罚,这样才能确立基本的价值原则和行为规范。但问题在于,成年人有夸大孩子过错的倾向,而这种倾向往往使孩子受到的惩罚与他们的过错不匹配。倘若孩子在此种环境中长大,那么不匹配的惩罚会伤害他们改过的愿望与渴望得到理解信任的心。孩子有了过错,惩罚是次要的,帮助孩子认识到自己犯的是什么错,意识到这样做是错的并改正更重要。

一般而言,三、四年级的孩子在犯错的时候,可能已经受到了惩罚,比如错误行为所导致的后果给孩子带来的麻烦，或者老师在学校的批评教育，等等。孩子回家后能如实告诉家长自己的错误行为，这是对家长的信任，同时还有得到家长抚慰的期待。如果这个时候家长劈头盖脸地批一通、打一顿，其实是在对孩子实施二次惩罚。

那么当家长发现自己的孩子出现报喜不报忧的情况时，应该怎么办呢？

策略一：不要立刻向孩子发火

孩子"报喜不报忧"有时可能伴随说谎行为，比如孩子某次考试考了80分，却跟家长说考了100分，这个时候很多家长在知晓真实情况后会非常生气，甚至有时会有一种深深的挫败感，会有"这孩子怎么变成这样"的悲观想法。但此时家长最需要做的就是冷静下来，等怒火慢慢消散后再询问孩子事情缘由，与孩子耐心沟通，了解孩子的真实想法，引导孩子改正这种行为，而不是直接批评，让孩子觉得父母强硬而不可理喻。

策略二：对自己的教育方式进行反思

如果发现孩子有报喜不报忧的情况，家长需冷静地反思孩子为什么会出现这样的情况，是因为平常自己在孩子面前总是强调要成功、要优秀、要拿高分，是总拿自家的孩子与别人的孩子做比较，还是自己对孩子要求太严格，从而导致孩子为了得到家长的夸赞而采取这样的方式来获取关注。家长反思后，可以根据不同情况调整、改正自己的教育方式。

策略三：与孩子进行交流沟通

交流的内容主要有两个方面：一是家长要了解孩子报喜不报忧行为背后的心理状态，包括孩子这样做是出于什么样的想法，当表现不理想时他担心什么，他的感受是什么，他期待家长怎样做，等等；二是家长可以向孩子表明自己对他是"无条件接纳"的，即纵使某个时候孩子表现不好，但他依然是家长最爱的孩子,家长不会看不起那个"表现不佳"的孩子,相反会给予孩子更多的理解和支持。这样孩子才会对家长产生足够的信任,愿意把自己不完美的一面展示给家长,不再担心被指责,也不再担心被拒绝和被看不起。

拓展阅读

有条件积极关注与无条件积极关注

(1)有条件积极关注(conditional positive regard),是指个体只有在自己的行为符合他人的标准的条件下才能得到他人的积极关注。这里所说的他人主要指在个体成长过程中的"重要的他人",如父母和老师。

有条件积极关注需要孩子满足各种规范,满足成人的要求,满足别人的需要,满足别人对自己的期待。在这种要求下,孩子会过度寻求外界的认同,看不到自己的价值,远离真实的自己,容易自卑,产生一个不协调的自我。"你按我说的做我就爱你""学习好,老师就喜欢""遵守规章制度的孩子才是好孩子",这些都是表达有条件积极关注的话语。

(2)无条件积极关注(unconditional positive regard),是指一种没有价值条件的积极关注,即使自我行为不够理想时,也觉得自己仍受到父母或他人真正的尊重、理解和关怀。

无条件积极关注对待孩子采取接纳、尊重和理解的态度,这样的态度会让孩子更多地关注自我,重视自身价值的实现,接纳自己,形成一个和谐的自我。"尽管你做错了,并不影响我爱你""尽管你目前的成绩不好,但我依然相信你""我能理解你的感受",这些都是表达无条件积极关注的话语。但无条件积极关注不等于放纵孩子,不等于默许孩子的不良行为,不等于家长要放弃自己的原则,一味地向孩子妥协。

3. 要不要让孩子加入班里的小团体

到了小学三、四年级，班级小团体现象已经非常明显，这些小团体人数不固定，通常三五个人聚在一起。小团体形成的原因有很多，有的是因为座位离得比较近，有的是有共同的兴趣爱好，有的是有共同的利益和目标。班级小团体一般具有范围小、人数少、沟通便利等特点，可以满足小学生不同层次、不同方面的心理需求，对小学生社会交往有一定的促进作用，但是班级小团体也会给孩子带来一些困扰。

浩浩最近回家总是心情不好，妈妈问他原因，浩浩说自己在学校没有好朋友跟自己玩，而且还经常有同学联合起来一起"对付"他。经过了解，浩浩的妈妈得知原来浩浩班里的同学组成了很多小团体，特别是男生之间。但是因为浩浩个子比较矮，坐在第一排，周围女生比较多，跟后面那些大个子的男生很少一起玩，也就没有机会加入这些团体。男生之间组成了多个小团体，每个小团体都有一个类似"首领"的同学，组织大家共同做一些事情，但是浩浩却加入不进去。而且因为浩浩没有加入"组织"，还被一些小团体当作"攻击"的对象，他们嘲笑浩浩总是跟女生玩，说他没有朋友，等等。

浩浩的困扰其实跟班里的小团体有很大关系。这些小团体通常比较封闭，只关注小团体内部的活动以及团体内成员的要求，更多停留在小团体的范围之内。因此一些小团体容易排斥团体之外的人，有一种团队的优越感，容易在班级活动中占据主导地位。小团体的这些特点对于没有加入团体的孩子来说会产生很多负面的影响，就像上文中的浩浩那样。那么，自己的孩子要不要加入这些小团体呢？应该怎么引导孩子处理与小团体有关的问题呢？

首先，引导孩子学会区分不同类型、不同性质的小团体

孩子加入的小团体应该适合自己，符合自己的兴趣特点。比如几个孩子志趣相投，在一起玩得很好，家长引导孩子加入这样的小团体会帮助孩子增

强归属感和安全感。另外，家长应告诉孩子尽量远离痴迷于网络游戏或其他不良喜好的小团体。总之，针对班级里的小团体，家长不能简单地告诉孩子加入还是不加入，而是要让孩子学会区分团体的性质，根据自己的特点来选择。

其次，多引导孩子独立与同学相处

三、四年级的孩子可以自己决定跟同学相处的时间、地点及形式、内容，不用再像之前那样由家长出面安排孩子之间的活动。家长可以鼓励孩子主动跟同学邀约，比如周末一起看电影、去公园玩等，虽然最终还是需要家长参与支持，但是可以让孩子们发起活动，由他们决定跟谁玩、去哪儿玩、玩什么，可以让孩子学习人际交往的技巧，了解一些交往的原则，以增强主动交往的意识，提高人际交往的能力。孩子学会了人际交往的技巧，就会拥有很多朋友，形成比较稳定的交往圈子，这个时候孩子就已经加入了特定的小团体，不用担心没有朋友了。

最后，尊重孩子的选择

如果孩子明确表示不想加入班里的小团体，对这些团体不感兴趣，作为家长应该理解支持。孩子的个性是有差异的：有的外向，喜欢结交很多朋友；有的内向，更关注自己的内心世界。家长要尊重孩子的个性，不能强求。

4. 孩子之间的"冲突"正常吗

随着交往圈子的扩大，孩子对外关系的焦点由家长转向同伴，他们在与同伴交往的过程中，常常会发生一些小冲突。有时候孩子们之间的小冲突，由于家长处理不当，本来是一件小事情，却引发家长之间的大矛盾，同时也给孩子与同学的交往带来很多不利影响。

军军的学习成绩非常好，在班里名列前茅，而且他还擅长朗诵，经常在学校的大型活动中担任主持人，所以班里很多同学喜欢军军，经常一堆人围着军军，追着他跑。可是有一次，一个女同学在和军军追逐打闹的过程中，不小心打疼了军军。军军回到家后，就跟妈妈说那个追自己跑的女同学总是带着其他几个女同学欺负自己，自己都不想活了。军军妈妈听儿子说不想活了，又急又气，立刻联系了那个女同学的家长，非常气愤地跟对方家长谴责其孩子的行为。对方家长态度很好，赶紧替孩子道歉，第二天还让自己的女儿带了小礼物跟军军赔礼道歉，两个人很快就和好了。

可是军军的妈妈觉得事情不能就这样过去，于是她又把事情反馈给军军的班主任，希望班主任老师出面批评教育那个女同学，避免以后再次出现这样的情况。军军的班主任知道之后，将那天追军军跑的几个女同学狠狠地批评了一顿。结果这件事情之后，一些家长不满意军军妈妈的做法，觉得事情发生后家长之间都沟通了，也让孩子道歉了，可军军妈妈还是不依不饶，所以他们有些生气，告诫自己的孩子以后离军军远一点儿，那几个被班主任老师批评的孩子也不敢跟军军玩了。

从这个故事中可以看到，原本同学之间很正常的一次小矛盾，结果被军军的妈妈放大了。其实当家长们遇到这样的问题时，可以参考下面的策略进行处理。

策略一：正确看待，合理引导

当孩子回到家讲述被"欺负"的经历时，家长首先分析事件的严重程度，如果确认只是小冲突时，可以向孩子传达这样的信息：同学之间在打闹过程中小磕小碰、发生冲突是很正常的事，不用太过在意，事后该怎样相处还怎样相处。这样的心理建构非常重要，是儿童能正常发展人际关系必不可少的前提，是豁达、友善的生长土壤。儿童的世界其实非常单纯，很多家长眼里所谓的问题其实多是成年人强加的，其中比较典型的就是把孩子之间的冲突看成"犯错误"，将冲突关系看成欺负和被欺负的关系。

策略二：安抚孩子的情绪

就上文的案例而言，军军的妈妈首先要做的应是安抚军军的情绪。也许军军说自己"不想活了"的时候，仅仅是在跟妈妈倾诉和发泄情绪。因此这个时候家长应该把自己定位为听众，而不是裁判，先听听孩子说了什么，温和地安抚孩子，让孩子把情绪稳定下来。这个阶段的孩子在表达情绪的时候会有些夸张，看似非常强烈的情绪，往往很快就会平复。但军军的妈妈却用成人的眼光看待军军的情绪，觉得这个问题很严重。其实在绝大多数情况下，小孩子打闹根本不需要调解，他们一会儿就和好如初了，就像什么也没发生一样。

策略三：了解冲突的真实情况

家长可以通过多种渠道向孩子的老师、同学及涉事孩子的家长了解一些情况，不要单方面根据自己孩子的描述就为冲突定性。孩子之间的冲突很多都不是真正意义上的冲突，它们或者是由孩子之间的差异导致，或者是体现了孩子的一些小缺点，等等。小冲突在孩子与同伴交往过程中是不可避免的，但真正让家长比较敏感的同伴欺负、身体暴力、故意攻击等重大冲突其实是很少见的。家长切忌将孩子之间的小冲突做严重化的评估，了解清楚情况后要尽量引导孩子学会理解和宽容。

策略四：进行有效的沟通

对于孩子之间的冲突问题，家长要采取合理的沟通方式与老师或者涉事孩子的家长进行沟通。沟通的时候需要注意以下几个问题。

第一，尽量一对一地直接沟通。出现冲突的时候，家长尽量不与其他家长讨论冲突情况，不片面评价冲突对象和老师的协调、处理方式。因为这样不但对于冲突的解决没有帮助，而且还可能会加深同学之间、家长之间甚至家长与老师之间的隔阂和矛盾。家长可以与涉事同学的家长或老师直接、单独沟通，了解情况。

第二，选择合适的沟通地点和时间。冲突发生后，家长不要在班级线上交流群或学校门口指责涉事同学家长，可以约请老师和涉事同学家长在方便的时间、安静的地方交谈，也可以线上单独沟通或者打电话沟通，这样有利于获得更好的沟通效果。

第三，沟通的时候要尽量保持客观和理智。需要涉事孩子道歉的地方要明确提出，但也不能袒护自己的孩子，对于自己孩子不当的行为也要予以承认，并要求孩子向涉事同学道歉。尽量不要把冲突扩大化、严重化，如果能够让孩子们自己解决冲突是最好的，有必要的情况下再跟孩子家长沟通，不要把小事闹大，否则就会像上述军军的案例一样，由于妈妈将冲突扩大化，导致以后很多同学不敢跟军军玩了，最后受伤害最大的还是军军。

拓 展 阅 读

小学生人际冲突的几种常见原因

（1）孩子之间的个体差异。每个人都是生而不同的，有自己独特的个性。比如有的小朋友喜欢玩这个游戏，但另外一些小朋友喜欢玩那个游戏，他们在玩什么游戏以及如何玩之间会存在争议和分歧。

（2）孩子有缺点或者不足。每个人都不是完美的，孩子更是如此。比如有的孩子不懂得合适的身体接触方式，动作幅度大，原本是用拍肩膀的方式表达打招呼的意思，但由于用力太大，对方接收到的是身体被攻击的感觉。

（3）利益或者好处的争夺。比如孩子们都想看班里书架上的同一本书，都想和某一个同学玩，继而出现争夺图书、好朋友等现象。

（4）道德品质不良。涉及品质和道德问题的冲突，是冲突最严重的一种。比如同学之间的恶意攻击、欺骗和欺凌等。

第4章
孩子的道德认知和价值观发展

三、四年级的孩子心智更加成熟，开始逐步形成系统的道德认知及相应的行为习惯。但是这种系统的道德认知带有很大的依附性、表面性，缺乏自主原则性。道德认知和价值观在发展过程中极易受到外部环境的影响，孩子缺乏坚定的原则，在道德认知上也处于相对比较浅层的阶段。因此家长的适当引导非常重要，有利于孩子形成健康的道德认知和价值观。本章将从社会攀比、感恩心态、诚实守信及集体责任感这四个方面进行具体分析。

1. 如何面对孩子的攀比之心

暑假到了，正在上三年级的宁宁跟妈妈提出出国旅游的要求。但在几个月前妈妈就做好了带宁宁去大连旅游的计划，结果没想到，妈妈把去大连旅游的计划告诉宁宁时，宁宁却说不想去大连看海，而要去韩国玩，因为她的好朋友这个暑假有去美国、日本的，也有去韩国、泰国的。宁宁和好朋友们约好大家这个暑假都要出国玩，然后回来互相讲故事听。无奈之余，宁宁的妈妈还多了一份担心，假期旅游本是想让孩子开阔眼界、增长见识，现在却无形中让孩子产生了攀比心理。她觉得今后孩子在成长中还会遇到类似的问题，感到非常困惑。

随着人们生活水平的提高，不少小学生把旅游当成了假期的一个"常规项目"，甚至有时家长会感觉到旅游好像已成为孩子之间相互比较的"砝码"：出国游学是炫耀的"资本"，国内旅游也要有"档次"，近郊游则让他们没"面子"。很多父母觉得如果假期哪儿也没去，孩子开学后会和其他同学聊不到一起。利用假期外出旅游，目的是让孩子开阔眼界、增长见识，但如果孩子把旅游作为炫耀、攀比的资本，旅游的意义也就变了。

竞争是人的本能，竞争之下的比较也就成了一种近乎本能的活动，人是在不断与他人比较的过程中认识自己的。对于小学生而言，"比"是不可避免的。怎样使这种"比"指向积极的方面，避免孩子受到负面的影响？家长可以从以下几个方面引导孩子。

首先，把孩子之间的攀比引向竞争意识的提升

如果攀比的目的在于提升孩子自身的知识、能力和品德，通过竞争促进自身健康快速成长，这类攀比就是积极的，是值得提倡的。但如果攀比的目的是战胜他人，向他人炫耀，这种攀比就有排他性、攻击性和严酷性，会给孩子带来自卑或者自负的心理。家长要引导孩子将攀比引向竞争意识的提升，引导孩子公平竞争，不甘落后，不断促进个人成长。

其次，把浅层的外在攀比引向深层的内在比较

一般来说，三、四年级的孩子年龄较小，攀比的内容更多地集中于表面的、外在的、物质的、即时的事物上。比如比较谁的文具更漂亮、谁的衣服更贵、谁的零花钱更多等，这些都是外在的攀比，如果不加以正确引导，就有可能产生负面影响。家长要引导孩子将攀比的内容逐步向内在的、深层的、精神的、长久的方向发展，如比知识、比智慧、比品格、比奉献。这类比较是教育所追求的，也是能够促进孩子积极成长的。

最后，引导孩子树立正确的金钱观和物质观

在孩子的攀比过程中，金钱和物质很容易成为攀比的内容，很容易使孩子形成基于心理不平衡而产生的攀比心态，比如"我们班很多同学都有电话手表""他们的父母都给买了这款球鞋，凭什么我没有"等。因此家长必须做好正确的引导，不要让孩子形成金钱至上、爱慕虚荣的不良观念，可以尝试以下的策略。

策略一：告诉孩子家庭的经济状况

一些家庭经济困难的家长不让孩子知道家里的经济状况，觉得这样容易让孩子缺乏自信，产生自卑心理。其实，三、四年级的孩子需要也有必要知道家庭的经济条件，特别是家庭所面临的经济压力。如果不告诉孩子这些，而是一味地满足孩子的物质要求，要什么给什么，孩子就可能理所当然地认为自己的家庭非常富裕，也就很自然地要与别人攀比。他会觉得别的孩子有的，自己一定也可以有；甚至别人没有的，自己也依然可以有。家庭的经济压力可以改变孩子的消费观，要让孩子明白如何花钱才是合理的、正确的。当然也不要对孩子夸大家庭的经济压力，要实事求是。

策略二：尽量不给孩子购买名牌商品和奢侈品

随着人们生活水平的提高，孩子接触到名牌商品和奢侈品的年龄越来越小，机会也越来越多。有的家长出于"要把最好的给孩子"的心理，不断给孩子购买价格昂贵的物品，比如文具必须是进口的，衣服必须是名牌的，等等。但实际上由于孩子身心发育较快，很多日常用品很快就要更新换代，价格昂贵的名牌商品和奢侈品并不经济实惠；而且更重要的是，经常购买名牌商品和奢侈品很容易让孩子产生拜金和虚荣的心理，盲目地追求名牌商品和奢侈品，这对孩子的身心发展是非常有害的。因此，家长需要合理地为孩子购物，并对孩子进行正确的消费引导。

策略三：让孩子通过劳动赚取收入

家长可以同孩子商量约定，有些家务劳动是孩子必须参与的，比如收拾碗筷、打扫卫生等。但如果孩子能够完成一些劳动强度较大，对孩子有一定挑战性的劳动内容，比如帮开商店的爷爷卖东西、帮妈妈到菜地摘蔬菜、帮爸爸清洗汽车等，可以适当给孩子一些零花钱作为奖励，让孩子体会到通过劳动赚取收入的快乐。

策略四：让孩子学会记账

三、四年级的孩子已经具备一定的数学运算能力，因此可以让孩子自己记账，让他把花的每一笔钱都记在账本上。这样可以帮助孩子清楚地知道自己花了多少钱，钱都花在了哪些方面。家长可以跟孩子一起，以月为单位进行分析总结，如这个月花的金额是否过多，某些方面的支出是否需要压缩，有些支出是否是不必要的，这样有利于孩子养成珍惜金钱、理性消费、勤俭节约的好习惯。

2. 如何让孩子拥有一颗感恩的心

三年级的健健似乎一点都不知道心疼人，夏天的中午，妈妈在厨房为他擀面条、炸鸡翅，累得满头大汗，但是做好后健健却觉得饭不合自己的胃口，于是大发脾气甚至要打妈妈。健健从来都不会主动帮妈妈做事情，也不会把好吃的东西留给父母。之前健健的父母也没觉得这有什么不妥，平时他们就从不让健健做家务，好吃的也都留给健健。但是随着健健长大，出现了一件让父母特别忧虑的事情，就是他不断向父母要钱，让父母给自己买这买那，觉得父母给自己花钱是天经地义的事情，如果父母不给，健健就大哭大闹。这让健健的父母非常苦恼。

随着生活水平不断提升，许多家长对孩子在物质上关爱有加，一家人都围着孩子转，孩子时时刻刻都扮演着被爱的角色，家长会千方百计地满足孩子的要求。久而久之，很多孩子认为从家长那里得到东西是理所当然的，从而只知道索取，不知回报，更不会想着去关心别人和感激他人，就像上文提到的健健一样。可以想象，如果健健的行为得不到改正，他长大后很可能会成为自私自利、不懂感恩的人。因此家长在养育孩子的过程中，一定要重视孩子感恩意识的培养，具体可以参考以下几个方面。

首先，千万不能让孩子吃"独食"

有些家长的习惯是，家里的好东西总先让孩子享受或者让孩子独享，这样做的后果就是从小给孩子营造了"唯我独尊"的虚假环境，孩子不知道真实的社会环境是什么样的。当孩子上了幼儿园、进了学校、走上社会，发现不是人人都让着他，把最好的留给他，他便会感到很痛苦。所以在孩子小时候家长就要培养他分享的意识，让孩子知道"独享"不是自己的特权，乐于分享才能收获更多。

其次，使用无痕渗透策略，进行"润物细无声"的感恩教育

家长若希望孩子学会感恩，可以将感恩教育无痕渗透于家庭教育的每个环节。家长必须具有感恩的心态，能够孝敬长辈、善待朋友，对社会、对国家都心怀感恩，为孩子树立榜样，通过这种无痕渗透的教育方式，使孩子真正学会感恩。在感恩教育的过程中，家长很难通过一两件事情或者几次家庭谈话就可以让孩子彻底领悟到感恩的含义。感恩教育需要耳濡目染，需要日积月累。

再次，从认知、情感、行为三个维度培养孩子的感恩之心

三、四年级孩子的形象思维非常活跃，家长在进行感恩教育时，可以有意识地给孩子讲一些著名人物的感恩故事，引导孩子品味、感悟故事中蕴含

的道理，激发孩子思考、交流，提高感恩认知水平。同时，家长要充分挖掘情感因素，以情感人，增强感恩教育的感染力，激发孩子的感恩情怀。落实到行为层面，即让孩子以各种各样的形式感恩身边的人及生活的社会。如：鼓励孩子参加志愿活动，感恩社会；给老师制作感恩贺卡，关心帮助同学，感恩老师和同学；给长辈捏肩捶腿，给爸爸妈妈端茶、洗水果，感恩家人。

最后，不要对孩子过度照顾

有些事情只有亲身经历了，才能体会其中的艰辛。如果孩子的衣食住行都由家长一手包办，孩子就不知道这个过程要花费多少时间和心血，就很难对家长怀有感恩之心。因此，要让孩子独立完成一些事情，让孩子自己付出劳动，当知道洒上了汤汁的衣服是多么不容易洗干净的时候，他们才会体会到洗衣服的辛苦，才会更加注意保持衣服的整洁。

3. 如何应对孩子的谎言

一项心理研究方面的调查报告显示，我国7个省10个市的430个家庭中，50%的孩子从三岁便开始撒谎，而且这一比例会随着年龄的增长而逐渐变大。到了9岁时，说过谎的孩子占70%。[1]而且八九岁孩子说谎的目的性更强，他们有时可以为了某些目的有意识地编造谎言。很多家长会发现孩子才上三年级，说起谎来却面不改色、理直气壮。

放学了，妈妈在学校门口等琪琪，这时候琪琪的同学过来告诉她琪琪被老师留下谈话了，因为刚刚在排练节目的时候琪琪总是跟身边的人讲话。琪琪妈妈听后有点吃惊，因为琪琪一向比较听话，上学后还没被老师"告过状"，心想琪琪出来肯定不开心，会跟自己说这个事情。可是没想到的是，琪

---

[1] 陈曼连. 从小学生说谎行为看诚信教育的重要性[J]. 亚太教育，2016（19）：251.

琪出来后像往常一样喜笑颜开地跟妈妈说这说那，根本没提被留下谈话的事情。妈妈试探性地问琪琪为什么比别的同学出来晚，琪琪说是因为老师觉得自己能干，专门留下她来帮老师摆椅子。妈妈看到琪琪这样坦然自若地说谎，心里十分吃惊，她不知道要不要当面揭穿孩子的谎言。

孩子说谎其实是心智变成熟的表现，是有了理性思考的标志，也在一定程度上说明他们开始觉得自己有能力"骗"到别人了。三、四年级的孩子掌握了一定的知识，也开始有了自我意识，于是出现了说谎的情况。孩子的心智逐渐成熟，但道德观一般是在小学的中高学段才逐渐形成。因此，三、四年级的孩子很容易变成"顽童"。

针对孩子的谎言，家长需要做以下几件事情。

第一，区分对待不同性质的谎言

家长针对不同性质的谎言需要运用不同的处理策略。如果孩子说的只是一种想象性的谎言，比如老师特别喜欢自己，经常表扬自己，但是实际上老师并没有这么做，这种谎言其实是孩子的一种期待，家长没有必要揭穿。如果孩子明明做错事情，但为了逃避责罚而跟家长说自己没有做，那家长就必须指出错误，引导孩子承认错误并保证下次不会再犯。但在教育过程中，家长要控制好自己的情绪，问清楚发生了什么事，不要单纯地发泄自己的不满情绪。

第二，揭穿孩子的谎言时要注意维护孩子的自尊心

很多孩子说谎是为了达到某种目的或者躲避责罚，家长不要强加给他们太多的道德要求，说了谎的孩子也不一定是坏孩子，很多时候他们是在"趋利避害"，或者特意说出一些家长们喜欢听到的话。就像琪琪一样，她很可能知道妈妈希望自己表现得优秀，为了让妈妈高兴，琪琪就说谎了。三年级孩子说谎很多是涉及生活或学习方面的事，如打翻了玻璃杯、没有完成作业、

偷偷拿了同桌的文具等。家长要知道，其实大多数孩子知道说谎是不对的，但是他们仍然这么做了，那么家长认真了解孩子说谎背后的原因就显得尤为重要。家长不能在没有弄清楚真实情况时就责罚或者粗暴地训斥孩子，要跟孩子谈心，耐心地引导孩子认识说谎的危害，让孩子保证不会再出现说谎的行为。

第三，根据孩子对待说谎行为的变化情况给予适当的奖惩

如果孩子说谎的习惯有所改变，家长要第一时间强化，及时称赞；但如果孩子继续说谎，那么家长就可以采取一些恰当的惩罚措施，让孩子承担说谎的后果，以起到警示和震慑的作用。例如针对考试作弊，第一次出现的时候，家长就应该及时跟孩子沟通，首先要告诉孩子作弊是非常不好的行为，家长虽然希望孩子是一个成绩优秀的孩子，但更希望他是一个诚实的孩子；然后要明确告知孩子如果再次作弊，会用什么样的方式进行惩罚。

拓 展 阅 读

谎言的类型

一般来说，心理学上把谎言分为白色谎言和黑色谎言两种。白色谎言是指无恶意的谎言和有益的谎言。黑色谎言是指从个人利益出发，故意伤害别人或者占别人便宜的、恶意的、欺骗性的谎言。但对孩子来说，常见的谎言有以下三种类型。

第一种谎言叫想象性谎言。这种谎言往往出自孩子对某种东西强烈的渴望和幻想，表达了孩子的一种向往或者希望。因为孩子年龄比较小，很难区分现实与幻想之间的区别，想获得某样东西的时候，他们有时会通过幻想来获得。

第二种谎言叫胡诌性谎言。这种谎言与第一种谎言是有区别的，是指孩

子有意编造这样的谎言，是为了达到某些目的，或者说是当他喜欢做某个事物，非常渴望得到但又担心得不到的时候会说这种谎言。

第三种谎言叫辩解性谎言，或者叫防卫性谎言。这种谎言是孩子为了逃避家长对他的责罚而说的谎言。孩子做错了事情，家长一般会有强烈的反应，如对孩子进行批评责罚，孩子为了避免这种情况往往会说谎。

4. 如何培养孩子的集体责任感

涛涛的爸爸是一名摄影爱好者，他经常到儿子的班级为各种活动服务。运动会的时候，给孩子们留下精彩的瞬间；班级足球赛的时候，拿着西瓜和榨汁机给孩子们做果汁；家长大讲堂的时候，给孩子们讲解摄影的知识；还帮班级设计板报，为元旦晚会制作幻灯片；等等。他与班里的每个孩子都很熟悉，每一次去都被孩子们亲切地称为"大熊叔叔"。或许是受爸爸的影响，涛涛在班里也非常活跃，经常协助老师做一些班级工作，积极参加各种活动。涛涛非常喜欢爸爸到班里为大家做一些事情，他觉得这样的爸爸让自己感到非常自豪。

三、四年级孩子的世界观、人生观、价值观已经初步形成，其责任感的形成与发展直接影响其个性品质的健康发展和家国情怀的养成。家长需要有意识地引导孩子正确处理自我与他人、社会、国家的关系，因此培养孩子的集体主义精神和责任感是非常有必要的。乐于奉献、热爱集体的品质可以从培养孩子对班级的责任感开始，小学中年级是培养孩子的集体责任感的重点阶段。

首先，密切关注孩子班级情况，积极参加班级各种活动

家长对孩子班级活动的关注和参与会起到形象教化、榜样示范的作用。然而很多家长除了关注孩子的学习，对孩子班里的事情多不关心，甚至不鼓励孩子参加班级活动，这样孩子也会觉得班级跟自己没有多大关系。家长如果积极参加班级运动会、春秋游、元旦联欢会等需要家长协助的大型活动，就像上文中涛涛的爸爸一样，为班级发展献言献策，并力所能及地发挥家长的支持作用，不但会增强孩子的自豪感，而且会让孩子感受到家长对自己班级的支持和热爱，这种做法会带给孩子积极的影响，进而有利于培养孩子的集体责任感。

其次，给孩子一个明确的责任范围

家长要告诉孩子，作为班级的一分子，哪些事情是必须要做的，给孩子一个明确的责任范围，以强化其责任意识。如必须做好一个值日生，要在大型活动中为班集体贡献自己的力量，积极参加各种班级活动，关心同学，维护班级荣誉，等等，引导孩子看清自己和班级的紧密关系，培养孩子对班级的归属感和认同感。一些家长容易忽视这方面的教育，认为孩子集体责任感、荣誉感的培养更多是学校老师的职责，其实家长对孩子的教育影响力也非常大。

最后，通过一系列策略培养孩子的集体责任感

策略一：鼓励孩子承担一些班级任务

家长要鼓励并支持孩子参与班级管理，比如担任班级卫生监督员、学习小组长、各科课代表、某个活动临时负责人等班级职务，并且认真负责地完成这些职务所要求的工作任务。如果孩子在担任这些职务的时候遇到困难或者难题，家长可以积极协助。孩子通过担任这些职务会慢慢体会到：一个集体只有通过每个人的努力才会变得更好；如果大家都不参与班级管理，把

班级建设的责任全部推给老师或者班干部，那么整个班级的凝聚力就会受到影响。

策略二：告诉孩子不做有损集体荣誉的事情

家长要引导孩子把自己的个人行为和班级的利益与荣誉联系起来，不做有损班级利益和荣誉的事情，比如破坏班内物品、违反学校纪律等，让孩子知道这些不良行为不仅会给自己带来危害，也会给班级带来不利影响。

策略三：引导孩子在班级出现问题时敢于面对和指出

当班级出现问题时，比如同学们集体热衷于某款网络游戏，每天讨论游戏，严重影响了班级的学习风气，或者某个同学总是损害班级荣誉和利益做一些违规违纪的事情，很多孩子不愿意面对，更不敢指出错误。这样任由其发展的做法是不利于班级建设的。家长要告诉孩子，敢于面对并指出这些问题是对班级有利的事情，应该勇敢地去做。

拓展阅读

责任感所包含的内容

责任感（sense of responsibility）是指个体积极承担责任或者帮助他人的一种比较稳定的心理品质。依据责任感的对象，通常将其划分为对自我、对学业、对家庭、对他人、对工作、对集体、对社会、对环境和对国家的责任感等不同方面。

PART 2

智慧的父母

▶ 第1章 孩子进入中年级阶段，你准备好了吗

▶ 第2章 给孩子提供多方面的帮助

▶ 第3章 做孩子的朋友和导师

▶ 第4章 孩子教育的几个重要话题

第1章
孩子进入中年级阶段，你准备好了吗

1. 不断学习和成长，做孩子的榜样

某游乐园内曾发生一起彪悍妈妈殴打一名年轻女孩的事情。据目击者透露，事情的起因是一个8岁的小男孩在走路过程中不小心碰到了一名年轻女孩的敏感部位，年轻女孩说了小男孩几句，结果小男孩的妈妈立刻暴跳如雷，说年轻女孩用言语攻击她儿子，于是对年轻女孩又打又骂，语言极其粗俗。

关于事情的起因，这个8岁男孩到底是因为人多不小心碰到这名年轻女孩，还是故意为之，这里不便追究，只是这个小男孩的妈妈有没有想过，在儿子面前这样用暴力解决问题，还辱骂年轻女孩，脏话连篇，会给孩子带来什么样的不良影响？难道不担心会教坏自己的孩子吗？也许这个妈妈的愤怒和暴力行为有一定的原因，但是为何不给孩子展现一个正确、合理、文明的解决问题的方式呢？比如进行平心静气的沟通等。

父母是孩子的第一任老师，是孩子学习和模仿的对象，父母的一言一行都会影响孩子的成长。父母的行为也是孩子的另一张"脸面"：当父母做得好时，孩子也会感到自豪、骄傲；但是当父母的行为被人耻笑或者批评的时候，

孩子也会觉得丢脸。因此为人父母不仅要尽己所能教育孩子，帮助他们成长，还要不断提升自己。很多人作为父母在为人处世方面会有不成熟的地方，需要不断学习和成长。

首先，阅读一些教育学、心理学方面的书籍

有了这些方面的知识，父母才会懂得教育的规律，了解三、四年级孩子的身心特点，掌握教育孩子的技巧。在现实中，一些父母不知道如何引导、教育自己的孩子：在教育孩子时或者沿用上一辈教育自己的方法，认为"小时候，我父母就是这样教育我的"，却不考虑这些方法是否适合现在的环境；或者完全出于本能，昨天心情好就溺爱、放纵一下，今天因为一些事情又开始严厉苛刻，教育行为过于随意。因此，父母在孩子教育方面需要更新观念，需要学习、掌握一些科学的教养知识。

其次，了解孩子的世界，跟上孩子的脚步

父母对子女的教育要贯穿孩子长大成人的整个过程。在这个过程中，孩子是在不断变化的，小的时候吃饭睡觉、蹒跚学步，父母操心其衣食住行。随着孩子开始上学求知，父母就要跟着孩子一起学习新知识、掌握新技能。孩子再大一点，开始展示个性青春，父母也要充满激情活力。当孩子的精神世界变得丰富而成熟，父母的思想也要与时俱进，否则如何跟上孩子的脚步呢？为人父母者也要经历一个漫长的改变和成长过程，既是为自己，也是为孩子。

最后，不断进行"人格自塑"，提升人格魅力

人格魅力既包括豁达阳光的处世态度、宽容感恩的内心、努力拼搏的意志等精神世界的内容，也包括温文尔雅的言行、平和稳定的情绪和丰富广博的知识这些外显的行为修养。但像上文那个为了维护自己的孩子而大打出手、大骂不休的妈妈，她出现这些行为是人品不端、缺乏德行的表现，会在孩子的内心留下深深的负面烙印。教育孩子的过程本质上是与孩子相互影响的过程。

三、四年级孩子的父母一定要认识到孩子成长的转折期已经到来,他们的思想更加独立、成熟,他们可以对父母的行为进行判断和评价,会产生很多让父母意想不到的想法和行为。因此,父母必须不断学习,伴着孩子的成长,不断提升自身素质。

拓展阅读

父母素质

父母素质是父母角色的内在要素,体现在父母承担和扮演角色的过程与活动之中。就整体而言,父母素质包括自然素质和社会素质两个方面。自然素质是指人的大脑、神经、体力等生理方面的素质,社会素质主要是指人的心理素质、思想道德素质、科学文化素质、教育素质等。

其中生理素质、心理素质、思想品德素质、科学文化素质是社会成员都应具有的基本素质——主要通过父母的言谈举止,在潜移默化中影响孩子;而教育素质是作为父母特定角色的特殊素质,这是由家庭教育具有潜移默化的特点所决定的。犹如法官要精通法律,医生要医术精湛一样,教育素质是父母的专业素质,是父母作为家庭中子女的教育者所应具备的素质,体现在父母的教育行为中,直接对孩子的心理、行为和亲子关系产生影响。教育素质包括教育观念、教育方式和教育能力等。

2. 忘掉"别人家的孩子"

几年前某中学发生一起学生杀人案。放学回家的初三学生马某进入居民区单元楼后,被突然蹿出来的黑影一刀刺在胸口,直指心脏要害。马同学凭借求生的本能，捂住伤口逃到外面，但是凶手并没有就此放过他，而是追着行凶，直到马同学彻底没有了呼吸。闻讯赶来的马同学的母亲抱着尚有体温的儿子哭得撕心裂肺。凶手不是别人，正是他的同班同学秦某，而这背后的原因仅仅是出于嫉妒。马同学和秦同学是同班同学，两人学习成绩都很优秀，但是马同学在班里长期保持第一名，考试成绩常居第二名的秦同学对马同学充满了嫉妒。在一次会考前，秦同学威胁马同学，如果这次马同学比他考得好，他就要杀掉马同学。结果马同学依然考了全班第一名。于是，被嫉妒蒙蔽双眼的秦同学策划了这起案件。他天真地以为杀掉马同学，自己就是全班第一名。

这起惨案的背后，其实是"社会比较"的教育理念所带来的悲剧，是嫉妒上升到极点发生的悲剧。很多父母特别喜欢把自己的孩子跟别人家的孩子做比较。"你看看，经常跟你玩的×××，人家就特别知道学习，成绩很好，什么都不用他妈妈操心。再看看你，回来连作业都不知道写！"很多孩子在成长过程中，父母口中的"别人家的孩子"始终伴随着。在有些父母眼里，别人家的孩子什么都好，成绩优秀，好学上进，懂事听话。"别人家的孩子"是很多孩子无法企及的竞争对手，是永远不可能赶上的榜样。在"别人家的孩子"的光环之下，自家的孩子就会觉得自己什么都比不上别人，对自己没有信心，在内心慢慢种下自卑的种子。同时他们也会感到非常委屈，"我又不是他，有什么可比性？为什么大人们那么喜欢比较呢！"很多孩子心中最"讨厌"的，可能就是父母口中的"别人家的孩子"。

和这种"社会比较"的教育理念相反的则是尊重自己孩子的个性，无条件接纳自己孩子的理念。与无条件接纳相关的一个心理学概念叫作"无条件积极关注"，这一概念最早由美国心理学家罗杰斯提出，原本是用在心理咨询和心理治疗领域，意思是心理咨询师要以积极态度看待来访者，对来访者的言语和行为的积极面、光明面给予有选择的关注。它意味着在治疗的过程中，来访者可能会表现出各种各样的问题或者混乱，甚至错误。但不管来访者的问题正确与否或合适与否，心理咨询师都会无条件地接纳。这种态度向来访者传达的信息是心理咨询师乐于接受他们此时此刻真实的自我。将这个概念运用到父母和孩子的关系互动过程中，就是父母愿意接纳孩子的真实状态，不管孩子在这个状态里有多少错误和缺点。想要做到无条件积极关注，父母必须做到以下几点。

首先，不要总盯着孩子的问题，指责他犯的错误

父母要更多地看到孩子的努力、成绩、进步和才华等积极的方面，对孩子积极、正向的一面给予更多的关注。比如孩子都上三年级了，但是字还写得乱糟糟的，一种常见的现象可能就是妈妈非常失落并带着指责语气对孩子说："我发现你们线上班级群里发的练字照片，个个都比你写得好，就连语文成绩很差的×××，字都比你写得工整，你写成这样，我实在没办法发到你们班级群里。"这会伤害孩子的自信心。但如果妈妈换一种说法，效果会怎么样呢？例如："嗯，孩子，我发现你今天写的这篇字帖里有几个字写得非常漂亮，虽然其他字写得还不是很好，但这几个字写得很棒，你是怎么把这几个字写得这么漂亮的呀？"两种不同的说法，带给孩子的心理感受是非常不同的。前者会让孩子觉得自己很差，使他们不相信自己可以变得更好，很容易自暴自弃；但后者会给孩子带来很大的精神鼓舞，使他们看到自己的潜力，拥有让自己变得更好的成长动力。

其次，接受"自己的孩子就是这样"，尊重孩子的个性

父母都希望自己的孩子是好孩子，也希望孩子能向好的方面发展。社会关于"好孩子"存在一些统一的标准，如成绩优秀、性格开朗、勤奋努力等，但实际上，每个孩子都有自己的人格特点。在孩子的人格构成成分中，有些是与生俱来的天性，并无好坏之分。比如有的安静，有的活泼，有的反应速度快，有的善于思考，有的学习能力突出，有的沟通能力更好，这些天性是很难改变的，父母必须接受和尊重。另外，父母对孩子的态度会慢慢内化为

孩子对自己的态度，父母尊重孩子的个性，孩子就会肯定自己，变得自信。

最后，不要经常把自己的孩子跟别人家的孩子进行对比

父母要停止孩子之间的社会比较。"都是一样大的孩子，你怎么就不如别人！"这是很伤孩子自尊心的一句话。当父母用这样的比较指责孩子的时候，往往是孩子经历挫折和失败的时候，是孩子内心非常脆弱的时候。这个时候他们更需要父母的包容和鼓励。当孩子拿着没有考好的试卷走到你面前时，他的内心是难过的，是忐忑不安的，比较并不是孩子所期待的结果，所以父母千万不要说"又没考好，你看×××又考了全班第一"这样的话来打击孩子。正确的做法是轻轻地把孩子搂在怀里告诉他："没关系的，咱们分析原因，下次继续努力就好了。"这样的做法一定会给孩子有力的支持和鼓励，他会感觉到温暖，会不惧怕失败，从而更加努力地向前。

当孩子的表现不尽如人意，比不上别人家的孩子的时候，父母可以尝试说下面五句话。

第一句话：可以告诉我你的感觉和想法吗？

让孩子看到当他遇到问题时，父母不会直接批评、指责，而是更关心他在遇到困难后的心情怎么样，有什么想说的，给孩子表达情绪和想法的机会。

第二句话：谢谢你告诉我。

要感谢孩子对父母的信任，感谢他愿意跟父母表达内心的想法。告诉孩子，这样的信任和依赖会让父母觉得很自豪。

第三句话：我会一直在你身边。

时刻告诉孩子，父母和家就是他的坚强后盾，让孩子知道，无论他在外面遇到什么困难都不用畏惧，爸爸妈妈永远都会支持他、陪伴他。这样的支持会让孩子感到安心，从而内心变得强大。

第四句话：你很强大，相信你会越来越好。

孩子在成长的过程中，总会遇到各种困难和挫折。这些困难和挫折不应让孩子变得脆弱，而应成为孩子成长的资源，经历这些困难和挫折，孩子才会变得强大。父母要给孩子加油打气，相信孩子是足够强大的，不要轻言放弃。

第五句话：我爱你。

爱是需要用语言表达的，孩子遇到挫折和面对失败的时候最需要爱的支持，所以这个时候父母一定不要吝啬表达爱的语言，要大声、坚定、反复地告诉孩子：爸爸妈妈永远爱你！

3. 爱孩子，先爱孩子的爸爸（妈妈）

林燕已经结婚十几年了，丈夫是一名因工作需要经常出差的技术人员。两个人结婚两年之后，生了儿子冬冬。在没有孩子之前，林燕和丈夫还经常出去吃饭、看电影或者到外地旅游，感情很融洽。但自从有了孩子，林燕就觉得丈夫在自己心目中没有那么重要了，有什么事情首先想到的都是儿子。丈夫似乎也是这样，下班到家就拉着儿子说话，让林燕觉得特别受冷落，甚至有时会吃儿子的醋。这种状况持续下来，两个人之间的沟通越来越少，即使说话也是谈论儿子的事情，还经常吵架。儿子冬冬现在上三年级，不爱说话，性格有点胆小懦弱，跟妈妈很亲，特别依赖妈妈。在冬冬的眼里，爸爸对妈妈不好，妈妈对爸爸也不好，甚至有一天冬冬很担心地问林燕："妈妈，您是不是有一天会跟爸爸离婚？"这让林燕非常震惊，她没想到自己和丈夫的关系会这么深刻地影响到孩子。

在一个三口之家中，爸爸、妈妈、孩子之间构成了一个三角关系。当这一关系达到平衡的时候，家庭关系稳固，孩子自然快乐地成长。但当我们过于注重亲子关系而忽视夫妻关系时，三角关系的稳定性就会被打破，从而给孩子造成很多负面的影响。德国著名心理治疗师海灵格认为孩子天生有一种本能——维护家庭关系的稳固。每个孩子都希望看到父母相爱，而不是到他这里来争夺爱。在家庭中，不能让亲子关系凌驾于夫妻关系之上，夫妻关系才是家庭的核心。为了孩子的健康成长，夫妻双方必须先学会爱自己的另一半。

父母相爱，孩子才会安心地做一个快乐的孩子

当夫妻关系不和谐的时候，孩子很容易被父母其中的一方拉到自己的"阵营"，承担"帮手""伴侣"的角色。就像上文中的冬冬一样，在父母的冲突中，他感受不到家庭的温暖，因为经常感受到妈妈婚姻不幸的痛苦，而自然地陪伴、照顾妈妈，代替爸爸承担"伴侣"的角色。但"帮手"和"伴侣"的角色都超出了孩子所能承受的范围，一定会给孩子带来很多心理压力。

父母相爱，孩子才会努力向爸爸（妈妈）靠拢

让孩子知道只有爸爸妈妈相爱，才能使整个家充满爱，自己也会得到更多关爱。这种认识，是男孩成为男人和女孩成为女人的基本动力。根据欧美精神分析学派的观点，妈妈与儿子建立无比密切的关系，并让儿子知道妈妈在乎他更甚于在乎爸爸，或爸爸与女儿非常亲密，并让女儿相信爸爸爱她更胜于爱妈妈，在这两种情况下，孩子可能会发展出"恋母情结"或"恋父情结"，他们会过于依赖异性父母，同时对同性父母缺乏敬畏并与之疏远。与同性父母的疏离就会让孩子的性别认同和性别角色意识出现障碍。因此，父母相爱，家庭关系融洽，孩子得到更多关爱，才会更爱爸爸妈妈。

父母相爱，孩子长大后才会独立

和谐融洽的夫妻关系，一定程度上会抑制一方对亲子关系的过度依赖。

"爸爸不爱妈妈了，你是唯一爱妈妈的人"，这样的说法会让亲子之间的关系变得界限不清。通常来说，得不到伴侣的爱的夫妻一方，更容易把情感过度地投入到孩子身上，产生更加强烈的亲子依恋关系，这种依恋不利于孩子的独立和成长。三、四年级的孩子已经开始迈出与父母情感分离的脚步，他们依恋父母，但更加渴望"单飞"，因此这个时候父母更应该将重心转移到夫妻关系上，为孩子营造一个温馨的家庭环境，这样才有能力"放飞"孩子。

因此父母应让孩子感受到自己对另一半的关爱，让孩子看到自己爱他，但也爱他的爸爸（妈妈），有了和谐融洽的夫妻关系，才会有良好的亲子关系。那么，如何让孩子感受到自己对另一半的关爱呢？下面有几个建议供参考。

建议一：在孩子面前不用隐藏夫妻对彼此的爱

比如家里有什么好吃的，爸爸可以先告诉孩子：你不能都吃掉，要给你妈妈也留一点，因为你妈妈也喜欢吃。孩子可能会问：爸爸，为什么啊？这个时候爸爸就要告诉孩子：你妈妈是我的妻子，是我最亲的人，我很爱她啊！通过这样的事情，孩子就可以体会到爸爸对妈妈的爱。

另外，有些夫妻本来关系不错，但是在孩子面前不好意思流露对对方的爱。其实在孩子面前做一些关爱对方的行为（包括一些适度的身体接触），会让孩子更认可父母之间的情感，更懂得爱。比如亲吻完孩子也亲亲自己的伴侣，让孩子感受到三口之家情感上的交织和联结。

建议二：不在孩子面前说另一半的坏话

"烦死你爸了，那么懒，除了工作什么都不干""你爸真是的，臭袜子到处乱扔，这个家太乱了"，很多夫妻会像这样在孩子面前发牢骚。但需要注意的是孩子的一半来自父亲，一半来自母亲，否认其中一方，等于在无意识中也否认了孩子。在孩子面前指责或贬低另一半，一方面会显露父母对待婚姻的不成熟，另一方面也是内心不强大的表现。孩子可能会听信一方的话，对另一方产生不好的印象，进而疏远他，甚至对抗他。同时，孩子也对父母之间的感情产生怀疑：最亲密的夫妻都能这样相互指责或贬低，世上还存在真情实感吗？父母不好的言行会引起孩子的烦恼和痛苦，所以不要在孩子面前说另一半的坏话。

建议三：不要联合孩子孤立另一半

亲子关系是家庭关系的重要组成部分，稍不留神就会形成二对一的局面。很多夫妻在产生冲突的时候就会"拉拢"孩子跟自己一伙儿：要么让孩子充当裁判员，评价另一半；要么让孩子当枪当矛，攻击另一半。这样的做法看似会让自己在面对夫妻矛盾时有更多的力量和支持，但是会把孩子拉入痛苦、纠结和矛盾的状态中。评判父母哪一方的不好都会让孩子痛苦，攻击哪一方都会让孩子觉得内疚，但如果不评判、不攻击，孩子又会觉得自己什么都做不了，进而感到自卑和无力。因此在家庭生活中，父母一定要把夫妻关系和亲子关系隔离开，明确两种关系是独立的，不能混为一谈。

拓展阅读

亲子三角关系

这一概念最早由美国心理治疗专家莫瑞·鲍恩（Murray Bowen）于1966年提出。鲍恩在治疗精神病患者的临床工作中发现，家庭是一个情绪系统，而三角关系是维持家庭情绪系统稳定的最小单位。当父母因争吵、冲突而关系紧张时会不自觉地将子女牵扯进来，或子女会主动介入其中，以减缓紧张与焦虑，恢复家庭系统的平衡与稳定。在这期间，亲子三角关系便形成了。

亲子三角关系通常包括三大类：代罪羔羊、亲职化和跨代联盟。代罪羔羊指父母联合起来照顾软弱或生病的子女，比如"当爸妈争吵时，我发现自己会比平常得到更多的照顾"；或者父母联合起来管教有问题行为的子女，比如"当爸妈吵架时，我就倒霉了"。亲职化指亲子间角色的倒转，子女忽视或压抑自我的情感和需要，转而承担原本应由父母承担的照顾家人情绪或生活的责任与角色，如"当爸妈争吵时，我常常会安抚他们的情绪，承担洗衣或做饭等家务"。跨代联盟指父母发生冲突时，子女与父母中的一方结盟对抗另一方，如"当爸妈争吵时，我只会帮其中一个人讲话"，有时与父亲结盟，有时与母亲结盟。上述关系模式虽然可以暂时缓解父母间的紧张状态，维持家庭系统的稳定，但是当子女的卷入成为一种固定模式，致使父母关注的焦点转移到子女身上从而阻碍问题的解决时，三角关系就是有害的。[1]

4. 欢迎朋友进场，父母开始离场

暑假到了，文静给自己的儿子报了一个7天的暑期夏令营。儿子要上四年级了，看着他蹿起来的高个子，文静觉得儿子终于有点"大小伙子"的模样了，于是她下定决心让儿子体验一下独立的生活。但文静还是担心儿子能否适应夏令营生活，担心他会不会想家。她还担心：儿子能自己洗袜子吗？夏令营里的饭菜吃得习惯吗？儿子走后，文静本来觉得自己终于可以轻松一下了，要跟丈夫好好安排这一周的时间，但是她发现没有儿子在身边，自己反而不知道该干什么了，每天就盼着儿子给自己打电话、发视频，难得跟儿子交流的时候，却发现儿子似乎早就忘记妈妈、忘记家里了，在外面跟小伙伴玩得不亦乐乎。文静的心里有点失落，她发现当儿子走到外面世界的时候，不适应的不是儿子，而是自己。

三、四年级的孩子独立意识增强，在感情上慢慢变得不再像以前一样依恋父母，感情重心从父母转向了朋友。这时候父母应该从心理和情感上做好

---

[1] 王美萍，王赵娜. 亲子三角关系的性别差异[J]. 心理科学，2015（3）：630-635.

相应的准备，同时把握距离和尺度进行有针对性的引导，避免引起孩子的反感。在情感上独立和分化是孩子成长的必经之路，因此在孩子上三、四年级的时候，父母就应该有意识地将孩子"推到"外面，让他走近同龄朋友，接触更广阔的社会。具体可以做以下尝试。

首先，鼓励孩子之间"自主式"的交往

跟谁玩、玩什么、去哪里玩都让孩子自己考虑。每一对父母都知道给孩子创造充足的机会跟同伴交往，但是之前由于孩子年龄小，伙伴之间的交往更多是父母们沟通安排好的。对于三、四年级的孩子，父母可以鼓励孩子自己寻找交往的伙伴，比如"这周末你要不要约班里的同学玩？你们想去哪里玩？"。当孩子回到家告诉你："妈妈，我已经跟班里的同学约好，周六早晨9点一起去看新上映的电影。"父母一定要支持这种自主式的交往，让孩子学会独立安排。

其次，适当给孩子创设"单飞"的机会

暑假到了，要不要让孩子单独到亲戚家串门，在爷爷奶奶、姥姥姥爷、姑姑叔叔、舅舅姨妈等亲戚家待两天？现代社会由于受居住空间的限制、安全意识的增强等社会文化因素的影响，这种串亲戚的交往方式越来越少。三、四年级的孩子内心渴望走出家门，期待更加广阔的社会舞台，愿意独立地去做一些事情。因此父母在保证安全的情况下，可以鼓励孩子"单飞"，如独自拜访亲戚、参加夏令营等。

最后，夫妻之间定期开启"二人世界"模式

不要让孩子觉得父母所做的一切都是在围绕着他自己，应该让孩子意识到他不能加入父母的所有活动，父母需要有自己的"世界"。比如告诉孩子"今天是爸爸妈妈的结婚纪念日，我们要单独出去吃饭"，请长辈看护，让孩子自己安排好在家的生活。

第 2 章
给孩子提供多方面的帮助

1. 开始独立完成作业

孩子进入三年级后，学校会布置适量的家庭作业，家长需要在作业方面适当放手，尽量不"陪孩子写作业"。具体做法如下。

首先，让孩子独立完成作业，尽量不求助家长

很多家长有这样的体会，孩子写作业的时候，总会不停地喊"妈妈，这个字我不认识""妈妈，这道题我不会做"。到了三年级，家长要提前告诉孩子，不会的题目尽量自己解决，实在不会的题目放在最后再跟家长讨论，但在做作业的过程中不能让爸爸、妈妈帮忙。

其次，让孩子养成复习和预习的好习惯

复习是为了防止遗忘，使所学的知识得到巩固。预习是预先学习新知，以达到更好的学习效果。通过复习和预习可以加深对知识的理解，做到"温故而知新"。另外通过系统复习和预习可以使知识系统化，把先后学的知识串联起来，形成知识体系。家长可以指导孩子复习和预习，引导孩子掌握正确

的方法，养成良好的学习习惯。

最后，把检查对错的任务交给孩子

让孩子自己检查作业，挑出错题，改正错误，不仅有利于培养孩子独立学习的能力，而且有利于孩子在学习中反思和深入思考。孩子在检查错误和改正错误的过程中，能够进一步巩固所学的知识，有利于学习效果的提升。

为了让孩子更好地独立完成作业，下面几个关于引导孩子专心写作业的步骤可供家长们参考。

第一步：让孩子做好写作业的准备

准备包括三方面：首先是生理准备，如有吃东西、上厕所等需要，让孩子在写作业之前完成，不能出现一边写作业一边吃东西的现象，也不能频繁地去厕所；其次是心理准备，即让孩子静下心来，要开始写作业了，不再想着玩玩具、玩游戏和看电视这些与学习无关的事情；最后是物品准备，让孩子提前把写作业该用的学习用具准备好。

第二步：让孩子给作业排序，并预计写作业时间

让孩子从整体上了解作业的内容，并对完成作业的先后顺序进行计划，同时让孩子预计一下自己写作业所用的时间，做到心中有数。这样会提升孩子写作业的条理性，也会增强时间上的紧迫感。很多家长认为孩子写作业慢，原因之一是孩子没有时间观念，提前规划时间就可以有效地预防这一点。

第三步：排除干扰，记录写作业的时间

孩子在开始写作业前要把书桌收拾一下，拿走与学习无关的物品。家长也要关掉电视，避免孩子分心。孩子在写作业的时候，在视线范围内要有钟表，时间指示醒目而又清晰，方便孩子记录每项作业完成的时间。总之，要让孩子在写作业时避免受到干扰，同时规划好时间，从而提高效率。

第四步：记录结束时间，统计实际作业时间

每次写作业时都让孩子记录完成作业的时间，以清晰地把握自己写作业实际所花费的时间，学会越来越精确地估计写作业的时间，以每次实际完成作业的时间为标准，逐步提高写作业的速度。

第五步：让孩子自己检查作业

对于三、四年级的孩子来说，学会检查作业非常重要，家长千万不要直接帮孩子检查作业，而是要帮孩子养成自己检查作业的习惯。每次在孩子做完作业后，让他自己检查，改正检查出来的错题，同时可以准备一个错题本，将出错的原因记录在上面，日积月累，形成习惯。

第六步：家长答疑

对于作业中孩子不会的题目，家长可以给予必要的讲解，讲解完之后还可以设计一些类似的题目让孩子进行巩固和强化练习。这里需要注意的是，要提前告诉孩子一定要集中记录或标注不会解答的题目，最后由家长统一答疑，不能在写作业的过程中不停地请家长帮助。

2. 当心"三年级现象"

很多家长可能有这样的体会：孩子在一、二年级的时候每天都高高兴兴地去学校，觉得待在学校里充满乐趣，可是到了三年级，孩子就开始抵触上学，有时表现出厌学情绪，以前对家长言听计从，现在却开始顶嘴了。到了三年级，孩子到底怎么了，为什么会出现这样明显的变化？

上述这些表现，教育界称之为"三年级现象"。三年级对孩子来说是个坎儿，它是儿童成长为少年的过渡期，也是冲突期。儿童期的被动与少年期的主动开始冲突，儿童期的依赖与少年期的独立开始冲突，加上三年级孩子的

学习内容和难度相较一、二年级有所加深，这种冲突变得明显。

总之，三年级是孩子在整个小学阶段改变和过渡的关键期，这一时期孩子在生理和心理上变化明显，是培养学习能力、情绪管理能力、意志力和学习习惯的最佳时期，孩子需要从被动的学习主体向主动的学习主体转变。家长要帮助孩子顺利地度过这个阶段，可以从下面几个方面对孩子进行引导。

首先，注重孩子学习的效率、习惯和专注力

家长要帮助孩子提高学习效率，让孩子从容面对越来越繁重的学习任务；培养孩子良好的学习习惯，包括工整书写的习惯，按时独立完成作业的习惯，广泛阅读的习惯，认真审题、勤于思考的习惯，等等；培养心无旁骛、持之以恒的学习专注力。家长要为孩子营造安静的学习环境，不要孩子在房间里写作业，家长在另一个房间看电视，或者坐在一旁玩手机。每当孩子开始学习的时候，家长也要关掉电视、放下手机，或看书，或完成自己的工作，让家庭充满浓厚的学习氛围。

其次，培养孩子的学习兴趣

培养孩子的学习兴趣，首先必须让孩子建立学习的自我效能感，让孩子真正地爱上学习，即让孩子觉得自己可以学得很好，相信自己的学习能力。家长要给予孩子更多的鼓励，耐心、平和地面对孩子学习中出现的各种问题，而不是直接批评指责。其次是让孩子明白学习对于自己的意义，增强学习的动力。为此，可以带孩子参加社会实践，体会将来生存发展过程中所需要的各种知识及本领的重要性；也可以带孩子到附近的中学、大学参观，感受那里的学习氛围，激发孩子对在更高学府学习知识的向往。

最后，要孩子快乐学习，但更要严格要求

很多家长希望孩子不要输在起跑线上，也有一部分家长不重视小学阶段的学习，觉得小学生的成绩好坏不重要，只要孩子开心就好，这样很有可能

陷入"快乐教育"的陷阱。对于三、四年级的孩子,家长应该严格要求,比如作业必须按时完成,做错的题目必须及时改正,不能没有时间限制地玩耍,该学习的时间就必须学习。否则如果孩子缺乏自我监督、自我管理的能力,家长又没有进行必要的监督和约束,孩子就无法养成良好的学习习惯,与同学成绩差距加大,在学习方面体验不到成就感,自然会慢慢失去学习的兴趣,从而将注意力转移到其他方面。

3. 如何看待"我好喜欢你"

雨荷上三年级了,是班里非常优秀的学生,她成绩很好,还擅长滑雪,体育成绩也不错。雨荷性格开朗,乐于助人,在班里总是有一堆人围在她身边,她是班里典型的"明星"同学。有一天,雨荷放学回家跟妈妈说:"今天班里一个男生给我写了一封信,这个男生在信里说特别喜欢我,想让我做他的女朋友,妈妈您觉得我应该怎么回答他?"雨荷的妈妈听了之后非常吃惊,她知道总有一天要面对孩子谈恋爱的问题,只是没想到这个问题来得这么早。情急之下,妈妈跟雨荷说:"能给我看看那封信吗?"看完之后她对雨荷说:"我觉得你不能答应这个同学,你看他给你写的信字迹都不工整,还有错别字,还是等他练好字再说吧。"这件事情就这么过去了,但是雨荷的妈妈不知道自己这样做是否妥当。对于孩子和异性交往,到底应该如何引导呢?

三、四年级的孩子对于异性的感情开始有了懵懂的认识,会通过电视、书籍、电影和身边环境了解男女之间恋爱的事,甚至对恋爱产生好奇和疑问。比如他们会突然问爸爸妈妈"当时你们俩是怎么认识的?是怎么谈恋爱结婚的?",他们说到"爱情""恋爱"这些字眼的时候会羞涩脸红,也会对身边非常优秀的异性同学产生爱慕和赞赏之情。那么,如何面对孩子的这些现象呢?

首先，不必过分忧虑，成长的懵懂期不代表孩子过于早熟

当孩子对异性表现出喜欢的时候，家长不必觉得不可接受进而严厉指责。家长要做的是引导孩子如何对待这份感情，告诉孩子：可以喜欢别人，这种喜欢是对对方的尊重和认可，不需要隐藏；被异性同学喜欢，也是一件值得骄傲和自豪的事。

其次，巧妙地帮孩子把"男（女）朋友"变成好朋友

当孩子告诉你"妈妈，我们班的×××跟我说喜欢我，我同意他做我男（女）朋友了"，家长千万不要紧张，更不要批评孩子。因为孩子之间所谓的恋爱更多的是喜欢，是友谊，是一种认可，喜欢的依据通常是外貌标准（长得漂亮）、成绩标准（学习好）、空间距离近（如同桌、前后桌）等，这些都是比较浅显和表层的人际吸引因素，距离爱情的核心要素还很远。所以家长不必太担心，不用反复追问，而是告诉他（她）"有同学喜欢你，妈妈真替你高兴，只是妈妈觉得×××还算不上你的男（女）朋友，他（她）只是觉得你学习成绩好，想跟你做好朋友罢了，等你长大了才会有男（女）朋友的哟"，这样就巧妙地帮助孩子把"男（女）朋友"变成了好朋友。

最后，告诉孩子异性交往的恰当行为和不恰当行为

与异性的交往行为包括男女生之间的身体接触，要让孩子知道什么样的身体接触是可以的，异性的什么部位是不能触碰的，让孩子懂得尊重异性。同时要告诉孩子与异性交往的时候要注意什么，在言谈举止等方面有什么要求，有哪些事情是不可以做的，让孩子与异性同学建立合理的交往界限。

当孩子告诉你他喜欢一个同学或者一个同学喜欢他时，作为家长要怎么回应才是恰当的呢？

第一，了解更多的详情

家长不要惊讶和担心，而要耐心地倾听，让孩子说出更多细节，比如可

以问他"你喜欢那个同学什么啊？"，或者"那个女孩喜欢你什么啊？"，"你觉得自己什么地方让那个男孩喜欢呢？"，等等。通过这样进一步询问，让孩子看到自己的优异之处。家长可以这样回应孩子："嗯，你的体育成绩这么好，这么开朗乐观地帮助同学，确实会让一些同学很喜欢你。"或者让孩子看到自己的追求和目标："你这么喜欢这个同学，看来你特别期待自己也跟他一样优秀。"

第二，给孩子一些肯定

当了解了孩子的详细情况后，家长要做的一件事情就是向孩子明确表示：有人喜欢他（她）是一件很好的事情，说明孩子得到了别人的认可；你心里有了喜欢的人非常正常，这种喜欢代表了对他人的认同，也代表了自己追求进步的愿望。

第三，给出一些指导意见

一般来说，孩子面对这样的情况会有些困惑，比如"那我要告诉她我喜欢她吗？"，或者"我能不能答应他呢？"。家长可以根据孩子的这些困惑给出自己的指导意见，与孩子一起分析有什么担心和不确定的地方，具体该如何去做，最后跟孩子一起找到应对的办法。

拓 展 阅 读

爱情和友谊的区别

（1）爱情具有专一性，友谊具有广泛性。爱情只能发生在一对互相爱慕、互相钟情的男女之间，不容许有第三者介入，具有排他性与专一性的特点。而友谊则不同，它具有广泛和交叉的特点，所以小学生喜欢的对象往往不是一个。

（2）爱情具有持久性，友谊具有阶段性。一旦爱上一个人，这种情感是不会轻易改变的。但友谊与爱情不同，很容易随着环境、工作、思想意识和兴趣等方面的变化而变化，并且随时可以中断，具有阶段性的特点。小学生喜欢的对象很容易发生变化，一次小小的争吵可能就会让"感情"结束。

（3）爱情具有隐秘性，友谊具有公开性。由于爱情具有排他性的特点，爱情的表露仅在相爱的男女双方之间进行。亲昵的语言、情感的交流和互爱的行为，大都有意避开他人，具有较强的隐秘性。友谊与此不同，不限于一对男女之间，不必有意回避他人，因此具有公开性的特点。

第四，保守秘密

当孩子非常信任地告诉家长这些，家长就一定要为孩子保守秘密，不要告诉学校老师，不要轻易告诉或联系被喜欢的同学。如果家长失信于孩子，没有保守秘密，可能会引来同学对他的嘲笑，也可能让他对家长失去信任，所带来的负面影响将会非常严重。

4. 兴趣的岔路口，向左还是向右

　　林林最近天天跟妈妈闹着要加入学校的管乐团，他跟妈妈说听同学吹单簧管时那美妙的音乐，他非常喜欢。可是林林的妈妈却很犯愁，林林从一年级开始就是学校武术队的成员，这三年来每周都要花时间训练，目前也练得很好。同时，林林还接受朗诵和主持方面的培训，经常参加各种演出。林林的妈妈觉得除了学习，林林已经没有时间再加入新社团了。如果按照林林的想法参加学校管乐团，那武术或者朗诵二者必须放弃一个，林林妈妈觉得在不清楚学校管乐团情况的前提下，就要放弃练了三年的东西，太可惜了。可是林林却每天跟妈妈吵闹，坚持要参加管乐团，林林的妈妈不知道该怎么办。

兴趣是学生学习的一种心理倾向，可以让学生对学习充满好奇心。有些小学生除了学校的学习，还会上几个兴趣班。有的孩子从幼儿园时期甚至更小的时候就开始上一些兴趣班。但随着他们自我意识的增强，对事物的兴趣从最初的不分化到开始逐渐分化，三、四年级的孩子知道了自己喜欢做什么，不喜欢做什么，会做出自己的选择。这种选择一旦与家长既有的安排冲突，就会出现像上文中的林林那样的情况。

这个时候家长会面临一个难题：三、四年级的孩子该如何培养他们的兴趣爱好呢？原来的兴趣班到底要不要坚持上下去？

孩子上三年级以后，有些事情确实应该让他自己选择了。面对孩子的兴趣分化也一样，家长应该尽量尊重孩子的兴趣选择，不强迫、不压制。像上文中提到的林林的情况，妈妈如果一味地忽视林林的兴趣，可能会给他带来遗憾，或许林林还会责怪妈妈。

另外在孩子的兴趣培养方面，家长不能太功利，不要觉得有些东西对升学或对未来的工作没有帮助，就不让孩子接触。小学中年级的孩子对社会生活的兴趣正在逐步扩大和加深，让他们仅仅对学习感兴趣是不现实的。

关于如何给这个阶段的孩子选兴趣班，基本的原则就是对原有的兴趣班进行压缩精简，留下适合孩子且孩子感兴趣的兴趣班。对于孩子自己提出来的新的兴趣班，家长要多调查了解，确定孩子真的感兴趣后再让其参加，做到少而精。具体做法如下。

第一步，调查摸底

家长首先应该和孩子一起了解兴趣班的总体情况。根据兴趣班的名录，调查自己住所周边兴趣班的分布情况，把周边各种兴趣班的资源情况了解清楚。距离远近应该是首先要考虑的因素，最好不选择离家太远的兴趣班。虽然现在交通非常方便，但上兴趣班不是一朝一夕的事情，有可能一学就是五六年甚至更长的时间，兴趣班离家太远的话孩子会比较辛苦，不利于孩子坚持学习。

第二步，现场观摩

初步选出几个兴趣班后，家长应和孩子一起去现场观摩。比如，打算学钢琴，就去教钢琴的教学现场看一下；打算学绘画，就去专门的机构看看别的孩子都是怎么学绘画的；打算学武术，就去武术馆感受一下武术的魅力；等等。不要在孩子不知情的情况下替孩子做主报名参加兴趣班。

第三步，遴选初定

和孩子看了感兴趣的项目后，全家人坐在一起共同商量报兴趣班的事情。作为上兴趣班的主角，可以让孩子多发表自己的看法。等孩子发表完看法后，家长要对每个兴趣班的情况逐一分析，尽量做到客观，符合实际。最后可以和孩子一起确定一两个比较符合孩子性格特征、身心特点和兴趣爱好的兴趣班。这一步只是初步选定范围，不是最终确定。

第四步，详细考察

这次考察应该进一步缩小观摩的范围。要么是对已选定的两三种项目进行再次考察，要么就是针对某一个已经确定的兴趣班进行详细考察。对上次观摩忽略的问题进行详细了解，比如开班时间、收费情况、师资力量等。详细了解兴趣班的具体情况，这一步非常有必要。

第五步，逆势说理

这是非常关键的一步。经过两次的观摩和考察，确定了孩子真正喜欢的兴趣班。孩子也许会兴高采烈，信心满满。但作为家长，要时刻保持清醒，认真地和孩子谈一次话，问问他是否真的喜欢这个兴趣班，是否愿意并有信心坚持学习。必要时，要多说一些即将面临的困难，多讲一些不能半途而废的道理，让孩子坚定学习的信心。

第 3 章
做孩子的朋友和导师

1. 多一些观察，少一些评论

静静在练习毛笔字，妈妈告诉她写毛笔字的时候一定要小心，不要把墨汁弄得到处都是。特别是要把墨盒放好，小心不要碰倒墨盒；另外在写字的时候，一定要把纸放到毛毡上，不然墨汁会弄脏桌子。尽管妈妈说了好几次，静静还是把墨汁弄洒了，身上、地上、桌子上到处都是墨汁。

一种反应："你根本不把妈妈的话放在心里，跟你说什么都是白搭。看看你写个字，字没写好，墨汁却弄得到处都是，你怎么这么笨啊！"

另一种反应："你写字的时候，没有按照妈妈告诉你的方法去做，把墨盒放到离胳膊那么近的地方，结果一抬胳膊就把墨汁弄洒了。"

孩子犯了错误，两种不同的反应会给孩子后来行为的改变带来不同的影响。第一种反应采用了言过其实的评论，孩子可能无法全部接受；而第二种反应表述了基于客观观察的事实，孩子会更容易接纳和听从。

观察，是指对正在发生的事情用眼睛去仔细察看事物，仔细察看事情的结果和真相。评论，是指用嘴巴把心里的感受真实、客观、清晰和准确地用语言说出来。评论具有比较强烈的主观性，容易给人和事简单粗暴地"贴标签"。我们在日常生活中，经常会遇到一些典型的评论性词语，如"经常、很少、总是"……

在跟孩子交流的过程中，父母要多一些观察，少一些评论。人类智力的最高形式是不带评论地观察。在观察孩子的各种行为时，尽量不要评论、指责和打击。因为孩子有很多面，父母通过观察可能只能看到一面或两面。站在不同的角度，借助一方面的内容来展开观点的论述可能没有错，因为它是事实的一部分；但是有可能不完全对，因为可能出现了以偏概全的情况。

举个例子，你喊了半天让孩子去写作业，他却躲在厨房半天没有出来，这个时候你可能会说"就知道玩！"。可是当孩子从厨房端来一杯热腾腾的茶给你喝时，你会不会觉得有点冤枉孩子？孩子到底是像你评论的那样"到家从来不知道先写作业"，还是"懂得体贴、关心父母"？这是两种不同的观点，要先观察再进行评论，这是非常重要的。

但我们在日常生活中往往会绕过观察到的事实，直接作出评论。比如到了吃饭的时间，孩子却想继续看电视，你可能产生的本能反应就是"孩子一点儿都不听话，根本不把大人放在眼里"，这就是一种评论。原始的观察应该是"孩子继续看电视，没有按时来吃饭"。

急于评论非常容易言过其实，而且评论里往往还夹杂着对孩子的指责和父母自身抱怨、愤怒的情绪。这种言过其实并带有指责和愤怒的评论特别容易使孩子产生逆反心理，不愿意友善地回应。孩子甚至会直接反驳你："我怎么不听话了，不就是晚一会儿吃饭嘛！"父母的这种评论更容易让孩子受到伤害，而基于观察到的客观事实的评论才更容易让孩子接受。

所以父母要多观察孩子，尽量减少主观的评论，即使作评论，也一定要建立在观察的基础上。最后跟父母们分享一段话："我从未见过愚蠢的孩子，我见过有个孩子有时做的事,我不理解,或他不按我的吩咐去做。但他不是愚蠢的孩子,请你在说他愚蠢之前,想一想,他是个愚蠢的孩子,还是他懂的事情与你不一样?"

拓展阅读

两组练习

为了更好地让父母明白评论和观察的区别,下面提供两组练习。

练习一:哪些话是观察,哪些话是评论?

(1)哥哥昨天无缘无故对我发脾气。

解析:属于评论。因为对哥哥"无缘无故"发脾气的观察没有事实根据,只是自己的感受和想法,是对哥哥的一种评论,不是观察。

(2)昨晚妹妹在看电视时啃指甲。

解析:属于观察。表达了什么人、在什么时间、做了什么事情,都是经过观察得到的客观事实,没有加入个人倾向的评论。

(3)关于假期出游的安排,爸爸妈妈没有问我的意见。

解析:属于观察。人物、时间、事件都有,这也是观察到的事实。

(4)我父亲是个好人。

解析:属于评论。我的父亲是个好人,没有具体事情来证明他的好,没有表明父亲在什么时间、做了什么事,从而让他人也认为父亲是个好人。

(5)爸爸每天的工作时间太长了。

解析:属于评论。哪些事实导致你认为爸爸每天工作的时间太长了?这句话没有事实依据。

（6）妞妞很霸道，很不讲理。

解析：属于评论。这是个人的感受和想法，只说了妞妞霸道，没有说出依据什么样的事实从而感受到了妞妞的霸道和不讲理，仅使用了形容词来表达对妞妞的看法。

（7）本周凯凯每天都排在最前面。

解析：属于观察。把观察到的事实描述得很清楚，没有加入自己的评论，这就是观察到的事实。

（8）我儿子经常不刷牙。

解析：属于评论。没有说明具体的事实依据。如果改成"我儿子一周会有两三天不刷牙"，就属于观察了。

（9）奇奇告诉我，我穿黄色衣服不好看。

解析：属于评论。这是奇奇的感受及想法，因为她没有说出具体哪里不好看。

（10）妈妈在和我说话时爱发牢骚。

解析：属于评论。这句话里没有看到什么地方、怎样的表现让"我"感受到了妈妈的牢骚，这是"我"对妈妈的判断及评论。

练习二：针对下面的情境，哪种处理方式比较好？

情境：早晨起床时，叫了儿子半天，他也不起床，叫了几次之后他一边穿衣服一边没好气地嘟囔（里面的衣服好像搭配得不合适，有点紧），穿完就坐在床上不下来，眼看就要耽误上学了。

应对一：妈妈见他这样磨磨蹭蹭，还闹情绪，加上上学马上就要迟到了，气不打一处来，开始大喊："你坐着干什么？（责备）天天这么磨蹭（评论），不准备起床了（主观推测）？马上晚了，还不快点（命令）！"

应对二:"儿子,我看你还坐着不动,穿衣服就花了快10分钟(观察),我担心你没有时间吃早饭(我的感受),也担心你上学迟到,现在从床上下来好吗(请求)?"

这两种应对方式你觉得哪个好呢?这样对比之下就很明显了,第一种应对方式带着评论、主观推测,还有责备和命令,可能会引发孩子的很多不良情绪,特别是容易引发他与父母的敌对情绪,致使孩子更加不愿意接受父母的建议和安排。第二种应对方式使用观察表达感受,说明自己的期待和请求,更容易被孩子接受,因为这些都是客观存在的,孩子容易信服。

2. 孩子独自上学,需要做哪些准备

晨晨家距离学校不到400米,上学路上会经过小区里一个没有红绿灯的路口,路口车辆不是很多。现在晨晨上三年级了,妈妈一直在想要不要让晨晨试试自己一个人去上学,但是又很担心,因为在新闻上看到过小学生过马路时被车撞或者路上被人贩子拐走的事情。考虑到晨晨的安全,妈妈一直下不了决心,但是晨晨却跟妈妈说了好几次:"我现在可以一个人上学了,我每天都走这条路,闭着眼睛都能找到家。您说的那些靠右侧行走、过路口确保安全我都懂,妈妈您就让我试试吧。班里好几个同学现在都是自己上学、放学,自己回家了。"到底该怎么办,这让晨晨妈妈很为难。

每天清晨或黄昏时分,各个小学校门口热闹非凡,人山人海……浩浩荡荡的"接送大军"日复一日、年复一年地忙碌着。家长接送是对孩子负责的一种表现,但到了小学中年级,孩子的独立性增强,家长是不是可以给孩子独立的机会呢?

对于三、四年级的孩子而言，是自己上下学还是继续由家长接送，要视家与学校之间的距离和路况等具体情况而定。如果距离不远，路上来往车辆不多，不用坐公交车也不用骑自行车，家长可以尝试让孩子自己上下学。当然在这之前，家长应该做好一系列的准备工作，包括跟孩子讲解常见的交通知识和安全知识，让孩子养成抬头看路、右侧通行、路口瞭望等保障安全的交通行为习惯，杜绝边走边玩、横冲直撞等危险做法；然后有意识地对孩子进行一段时间的训练，家长在这段时间的接送中有意识地让孩子自己过马路，家长在后面默默地陪伴，在确保足够安全的情况下尝试让孩子独立上下学。

很多家长意识不到这段路程对孩子独立性格的塑造有何重要意义。孩子独自上下学要独立面对很多问题，比如：迷路或者迟到，需要自己想办法解决；有时候需要跟陌生人接触，如向人问路、寻求帮助等；了解遵守社会公共空间里的各项规章制度。

孩子独自上下学可以培养其独立解决问题的能力，以及为自己的行为承担责任的担当能力，还可以增强对陌生环境的信任感，建立对共享空间的责任感。总之，一直领着孩子走，终究不如教会他们走出一条属于自己的路。

具体来说，在让孩子独自上下学之前，家长需要做好下面这些准备工作。

首先，培养孩子具备一定的认知能力和社交能力

具体包括：能够辨别红绿灯，并了解其含义；横穿未施划人行横道的马路时，注意双向来车；走路专心，保持对路况的警戒；当陌生人靠近、与自己攀谈时，应该如何应对；需要求助时，哪些人是可以选择的、较为可靠的求助对象；情况紧急时的反应能力，如立即跑进附近的商店求救；必要时进行反抗，如遇到陌生人纠缠时大声求救，甚至采用肢体动作正当防卫。

其次，让孩子了解、熟悉道路

家长要提前告诉孩子，通向学校的道路有几条，距离大概是多远，单程

需要多长时间，哪条路相对比较适合孩子走，在这条路上有几个红绿灯，等等。另外家长还要关注一些与安全相关的事情，比如：当地的治安状况如何？孩子是否会经过人流稀少的地方？学校和家之间是曲折的小巷，还是笔直的大街？是否有沿河跨桥？家长可以根据实际情况决定是否让孩子独自上下学，或何时让孩子独自上下学。

再次，跟孩子练习，陪孩子多走走上下学的路

不能让孩子在没有准备和练习的情况下独自上下学，一定要有一个练习和渐进的过程。最初家长需要带着孩子上下学，让孩子记住走过的路线，给孩子演示如何过十字路口，并让孩子认识沿路景色、地标等，让孩子自己体会。家长跟在孩子后面静静地观察，如果发现孩子一些不恰当的做法应及时指出，并演示正确的做法。

最后，强化孩子对陌生人的认知

家长经常会跟孩子强调坏人的特征，他们会说什么话、提出什么要求，孩子面对坏人该如何应对，然而如何应对假装善意的陌生人的相关训练则较少。家长需要告诉孩子：有些陌生人佯装善意，千万不能上陌生人的车；可以给陌生人指路，但是不能引路，即使是孩子非常熟悉的地方，即使这个地方不远；不接受陌生人给的玩具、食品。

如条件允许，最好让孩子与住同小区的同学结伴上下学。

3. 多一些倾听，少一些建议

芳芳今天被班主任老师批评了，原因是老师认为芳芳上课的时候跟同学传纸条，可是芳芳特别委屈，因为那个纸条不是她传的，只是恰巧落在了她的桌子上，她也不知道纸条是从哪里来的。当时正在上课，老师没来得及调

查清楚就批评了芳芳。老师的批评让芳芳一整天都没心情上课。放学回到家，芳芳特别想跟妈妈说说今天的事情，可是芳芳叫了妈妈好几次，妈妈不是在忙着做饭，就是在接电话。当妈妈终于把所有的事情都做好想和芳芳聊天的时候，芳芳却什么都不想说了，她觉得已经没有必要跟妈妈说了，说了妈妈也不一定相信自己。

三、四年级的孩子到了有心事的年龄，他们在内心会产生一些对同学、对学校、对家庭、对社会的认知态度和情绪情感，这些态度和情感需要与一个可以信任的人去分享。如果父母不能耐心地倾听孩子的心事，不及时倾听孩子的心里话，就像芳芳的妈妈一样，孩子就会对父母关上自己的心门，父母可能会失去走进孩子内心的机会。

倾听具有共情的作用，能让父母体会到孩子语言背后想要表达的感情，得知孩子的感受和体验，了解他们的观点。父母需要具有开明的思想和豁达的心胸，这样才能倾听到孩子的心事，不管它们是让人高兴的还是让人烦恼的。但是，许多父母害怕倾听，因为他们可能不喜欢听到让他们烦恼的事情。父母需要创造一个可信赖的氛围，鼓励孩子说出自己的想法，哪怕是烦扰人的情绪、抱怨。只有这样，孩子才会说心里话，而不是只说父母想听的话。不要轻易否认孩子的体会，驳斥他的感觉，否定他的愿望，贬低他的主张，怀疑他的经历。

倾听主要有以下四种方法。

方法一：澄清

由于讲话者表达的大部分信息出自个体内部的参照系统，他的信息可能是模糊而混淆的。澄清则是要求对方对于含糊、模棱两可或有隐含意思的语句给予详细叙述，并对他的信息再作解释。例如：

孩子说："数学老师今天当着全班同学的面批评了我。明天我不想上数学课了，数学课太没意思啦！"

澄清的话语："你不想上数学课，是因为数学课没意思、不好玩，还是因为数学老师批评你之后，你对老师有意见？"

方法二：释义

将对方先前的言语信息和思想进行再编排，有选择地注意信息中的认知部分，并将对方的主要想法表述出来。例如：

孩子说："数学老师今天当着全班同学的面批评了我。明天我不想上数学课了，数学课太没意思啦！"

释义的话语："数学老师今天当着全班同学的面批评你，你很难接受老师这样的做法，对老师非常有意见，所以明天你不想去上数学课，不想看见数学老师，是吗？"

方法三：情感反应

情感反应主要是对信息的情感部分进行再编排，即表达共情。例如：

孩子说："数学老师今天当着全班同学的面批评了我。明天我不想上数学课了，数学课太没意思啦！"

情感反应的话语："数学老师今天当着全班同学的面批评你，让你觉得很尴尬，还有点生气和委屈，是吗？"

方法四：总结

在倾听一段时间（如 3 分钟或更久）后，从关键问题中找出关联，并将它们准确地复述给对方，反复强调信息的主题。例如：

孩子说："数学老师今天当着全班同学的面批评了我。明天我不想上数学课了，数学课太没意思啦！"

总结的话语："刚刚听你说，数学老师今天当着全班同学的面批评你，你很难接受老师这样的做法，对老师有些生气，也觉得很尴尬，还有点难过和委屈，所以你明天不打算去上数学课了，不想看见数学老师，是吗？"

拓展阅读

倾听时的禁忌

（1）不礼貌、不专注。

包括孩子说话的时候，自己似听非听，不看着孩子，对孩子的话没有回应，或者忙自己的事情。

（2）粗暴对待。

包括孩子说话的时候，父母随意插话打断，过早地评论孩子的一些想法和行为，粗暴地终止孩子的表达，如："别说了，你就是上课没好好听，考这么差的分数，说再多也没用。"或者是按照自己的主观看法通过问题误导孩子，如孩子说今天跟同学闹别扭了，有些父母就会说："他是不是欺负你了？"

（3）父母说太多，不断给孩子建议。

本来是要听听孩子的想法，可是一些父母在孩子面前长篇大论地讲大道理，自己比孩子说得多，把主要讲述者变成了自己，提出的建议也都是站在父母的角度。如果孩子一味接受父母的建议，就会慢慢失去独立性，更加依赖父母；相反，如果孩子一味抗拒父母的建议，就会加剧亲子之间的隔阂和对立，同样也不利于孩子的身心健康。

4. 别让孩子"输不起"

丁丁在学围棋，他非常喜欢下围棋，更喜欢与人对弈。但丁丁有一个习惯，就是不能输。他如果跟爸爸下棋，爸爸就必须输；如果他输了，他就会大哭大闹。如果跟同学、朋友玩，丁丁就会选水平比自己低的同学对弈，比自己下得好的同学，丁丁是坚决不跟他们玩的。总之，丁丁认为自己只能赢，不能输。

当今社会，"玻璃心"的孩子越来越多，他们就像丁丁一样输不起、怕失败。他们的口头禅是"不行，我就要赢……"，如果输了就哭闹、发脾气或再也不敢尝试。孩子出现"输不起"的现象往往是因为缺乏挫折教育，他们惧怕失败，拒绝失败，不能接受失败。为了让孩子从容地面对失败，家长要注意以下几点。

首先，不要刻意让孩子赢，输也是一种历练

孩子在成长过程中不可能一帆风顺，总是会遇到这样或那样的挫折，比如考试没有考好，没有选上班干部，与同学发生矛盾，等等。遇到挫折，孩子往往有情绪。有些家长为了避免孩子体验挫折的经历，就刻意地保护孩子，凡事都保护孩子免受失败打击。"你最棒了！""你真厉害！"他们对孩子总是以赞美、表扬为主。即使和孩子一起玩游戏，他们也会故意输给孩子，哄孩子高兴。这虽然能一时让孩子高兴，但也让孩子失去了很多接受挫折教育的机会。实际上，失败、挫折恰恰是对孩子的磨炼，孩子可以在挫折中不断学习和反思，失败、挫折不一定都是坏事。

其次，家长不能太想赢，家长也要输得起

孩子输不起，往往反映的是家长输不起。由于受成功心理的驱使，也受"面子"心态的影响，很多家长太想赢，他们希望自己的孩子是最优秀的，是最棒的，不愿看到孩子的问题，不敢正视孩子的失败。有的家长曾表示，最怕开家长会，担心孩子在学校表现不好，尤其害怕孩子学习落后。家长的这种好胜心理会导致他们对孩子的要求过高，当孩子的表现没有达到预期时就打压孩子。家长的指责会让孩子更加害怕失败。

最后，不要让孩子过早、过度地参与竞争

一直以来，很多家长认为要从小培养竞争意识，希望孩子在各种事情中都争取赢。他们希望孩子事事都占先，不落后。这实际上是家长的认识误区，既过高地估计了竞争的正面意义，也没有尊重儿童身心发展的规律。一些家长将孩子训练得非常有竞争意识，从小极其争强好胜，然而这样的弊端也显而易见。孩子过早地体验到竞争带来的焦虑，往往会失去很多童年乐趣。

第4章
孩子教育的几个重要话题

1. 如何应对孩子对电子产品的喜爱

明明最近一回到家,就会向爸爸妈妈要手机玩,妈妈发现他沉迷于一款手机游戏。为此他总是匆匆写完作业,饭也吃不好,觉也睡得少,不仅学习成绩在不断下滑,身心健康也受到影响。爸爸妈妈不让他玩,他还会振振有词地说,班里男同学都在玩,同学都在线上等着他呢,他们约好了组团打排位赛,不然别人就不和他做朋友了。明明妈妈私下和班里同学的家长沟通,发现确实不少孩子在玩这款游戏,许多家长对此一筹莫展。

随着科学技术的飞速发展,智能手机、平板电脑、点读机、学习机等电子产品逐渐进入小学生的生活,而小学生的自控能力与自主能力比较弱,容易受他人影响,对这些电子产品的使用频率和热衷程度比较高。有调查研究发现,六成中小学生每天使用电子产品的时间超过2小时。在受访的学生中,没有一个人在暑假期间从不使用电子产品,甚至越来越多的中小学生对电子产品着迷,产生了非常严重的行为依赖和精神依赖。

如果孩子累计使用电子产品的时间过长,渐渐就会形成一种习惯,习惯使用、依赖这些电子产品。沉迷于电子产品还会影响到心理和情绪调节，孩子会出现易怒、情绪波动频繁、不愿与人交流等情况。另外，孩子如果过多地接触电子产品，沉浸在电子产品丰富有趣的内容中，就会不善于思考，厌倦学习，进而严重影响学习成绩。因此合理引导孩子使用电子产品，是家长必须重视的一件事情。

策略一：多陪伴孩子，多跟孩子互动

现在很多家长工作繁忙，抽不出时间陪孩子，无奈之下只能把孩子推向电子产品。"妈妈的事情还没有做完，你自己在平板电脑上玩会儿游戏吧"，不知道多少家长曾经这样说过。现在很多孩子很难有机会像过去那样，放学后大家在大院子里一起嬉戏玩耍。没有家长陪伴，没有兄弟姐妹聊天，也没有小伙伴一起玩耍，他们只能独自待在家里，抱着平板电脑，眼睛盯着屏幕，手指在屏幕上快速划过。如果家长经常陪伴孩子，周末一起看看电影、逛逛公园，经常跟孩子一起看书、聊天，孩子自然没有时间玩电子产品。

策略二：控制自己使用电子产品的时间和频率

很多家长其实也是电子产品的热衷使用者，手机不离手、平板电脑不离身，一有时间就玩一会儿电子游戏。家长这样的做法肯定会影响孩子：一是让孩子有更多的机会接触到电子产品，引发孩子对电子产品更大的兴趣。二是家长经常自己玩电子产品，对孩子的说服力就会减弱，孩子也会模仿家长的行为。因为家长沉迷于手机、沉迷于电子游戏，没时间陪孩子，孩子也就容易迷恋电子产品。

策略三：控制孩子玩游戏的时间

不论玩什么游戏，都要控制时间，在孩子开始玩之前家长就跟孩子定好规矩，约定好结束的时间，让孩子一开始就有时间意识。不要提前没有说明，当孩子玩得正起劲儿的时候要求其结束，这样会让孩子产生强烈的抵触情绪。同时也要把使用电子产品的时间分散开，可以每天划出多个零散时间让孩子

使用，避免集中使用的时间过长。

策略四：为孩子选择合适的游戏种类

如今平板电脑和手机很常见，很难让孩子不接触电子游戏，但家长可以帮孩子挑选游戏种类，不要让孩子自己去电子产品的应用市场随便下载。让孩子远离容易上瘾、容易沉迷的游戏，特别是一些不适合未成年人玩的游戏。应有选择性地为孩子下载一些有教育意义、对孩子某些能力培养有益的游戏。

2. 安全意识时刻不可松弦

2018年7月2日，广东省东莞市某镇3名小学女生相约到江边游玩后失联。7月3日早上，警方在江边发现3名小孩的鞋子，并将尸体打捞上岸。

2019年7月11日下午，辽宁省台安县辽河段发生一起多人溺水身亡事件。经当地政府部门证实，共有6名学生溺水身亡。

2020年6月21日下午，重庆市涪江河坝水域8名学生落水。22日7时10分，8人全部被打捞出水，均已无生命体征。溺亡的学生为7女1男，年龄最大的16岁，最小的只有11岁。

溺水已经成为小学生非正常死亡的头号杀手，严重威胁学生的生命安全，诸多惨痛的事故不断出现，令许多原本幸福的家庭从此陷入无尽的痛苦。如果家长能够对孩子进行必要的安全意识教育，也许这些惨剧就不会发生。

随着孩子慢慢长大，部分家长对孩子安全问题的关注度会有所下降，更加关注孩子的学习和成绩。他们觉得孩子长大了，不用再小心翼翼地看护。但实际上，随着孩子社会活动范围的扩大，活动能力的增强，以及家长干预范围的缩小，孩子的安全隐患变得更大了。因此，家长应时刻把对孩子的安全教育放在首位。

首先，更加重视安全教育

家长在日常生活中要提高对孩子安全教育的重视程度，要把培养安全意识、普及安全知识、锻炼安全应急与防范能力作为家庭教育的重要内容，要善于利用日常生活中的小事对孩子进行安全教育。家长要有意识地培养孩子的安全意识，提高孩子辨别危险、应对危险和自我保护的能力。

其次，与孩子共同学习安全知识

当前还有很多家长没有足够的安全意识，没有掌握基本的安全常识与自救技能，更无法教育孩子正确判断危险，也无法引导孩子在危险来临时进行自救。因此，家长需要丰富自己的安全知识，提高自己防范与应对危险的能力，并以身作则，给孩子树立良好的榜样。

最后，开展全面、多角度的安全教育

除了交通安全、消防安全、饮食卫生安全、地震自救等常见的安全教育内容，还应该教育孩子正确辨别社会中的善恶是非，避免不安全的网络行为，等等，这些方面的安全教育对于三、四年级的孩子来说非常必要。此外，家长要灵活运用各种资源，采取阅读书籍、讲解故事、观看视频、解析新闻实例、实践操作等生动多样的形式对孩子进行安全教育，并且要以身作则，让孩子直观地了解安全知识，掌握预防与应对危险的技巧。

3. 如何与孩子谈论生死

丽丽的姥姥因病去世了。丽丽从小是由姥姥带大的，跟姥姥的感情很好，但是在姥姥离世之前，家人觉得上三年级的丽丽还小，因此在姥姥离世前夕并没有让她见到姥姥，姥姥去世后也没有让她参加姥姥的葬礼。姥姥离开后，全家人沉浸在悲伤的氛围之中，特别是丽丽的妈妈，经常自己偷偷抹眼泪。

从家人悲伤的表情中，丽丽感觉家里发生了什么不好的事情，但是大人们都不愿意直接告诉她姥姥去世的事情。直到有一天，丽丽问姥姥去哪里了，妈妈才告诉丽丽姥姥去世了。听到这个消息，丽丽的脸上充满了惊讶和悲伤的表情。

有一天晚上10点，妈妈多回家后走进丽丽的房间，想要看看她睡觉有没有盖好被子，谁知丽丽却没有睡，她躺在床上，紧紧地抱着被子。妈妈问丽丽这么晚了为什么不睡，丽丽忽然抱住妈妈说很害怕，害怕自己有一天会死去，害怕爸爸妈妈也像姥姥一样死去，说完居然大声哭了起来。妈妈没想到丽丽会出现这么强烈的情绪反应，有点不知所措。

生命的逝去是无常的。教育界普遍认为，尽早地让孩子接受生命教育，理解死亡的存在，对他们的成长有益无害。

在中国的传统文化中，人们对"死"是很避讳的，在跟孩子讲述死亡的时候人们会用很多说法来替代"死"，比如睡着了，甚至出差、出国了，很少有家长能够坦然地与孩子谈论死亡，也很少有家长会带着年幼的孩子去殡仪馆送亲人最后一程。与此相反，在许多国家孩子很小就会接触死亡的概念，比如老师会让小学生给自己写墓志铭，家长也会带着他们一起到墓地和故去的长辈说话，这其实就是一种死亡教育。

死亡是一个自然的过程，面对亲人的离去，每个人都会痛苦。但如果接受过死亡教育，面对死亡时可能会更坦然。上文中的丽丽就是因为缺少死亡教育，因此她无法接受姥姥的离开，并对死亡产生了非常强烈的恐惧。那么，究竟该如何给孩子补上死亡教育的这一课呢？

对三、四年级孩子开展死亡教育可以通过各种形式，如绘本、影视作品或真实的生活经历，让孩子理解生命从生到死的过程，进而消除对死亡的恐惧。比如可以给孩子看《爷爷变成了幽灵》《活了100万次的猫》等有关死亡教育的绘本；或者在清明节的时候带孩子去祭拜已经故去的亲人，讲述这些人一生的经历；或者在春天到来的时候让孩子亲手种下一粒种子，既养护种子生根发芽、开花结果，也目睹植物枯萎凋零，让孩子体会到生命的逝去是不可避免的。当有亲人去世的时候，不要完全让孩子回避，不要让孩子在毫无准备时面对死亡的话题。

生活中一种常见的现象就是"死亡恐惧症"，就如上文的丽丽一样，怕自己死去，怕周围的亲人死去，对死有着极大的恐惧和焦虑。三、四年级孩子的认知能力还不成熟，对生死的概念比较模糊，并不能真正理解死亡。但随着在生活中经历亲人故去、宠物离世或在新闻报道中看到一些与死亡相关的事情，孩子会产生强烈的死亡恐惧。那么当孩子出现"怕死"的心理之后，家长应该怎么办呢？

方法一：用心亲近孩子，给孩子更多的爱和安全感

当面临对死亡的思考时，一些平常缺少爱的孩子在自我暗示下会不断加深对死亡的恐惧。因此，家长需要多花时间陪伴孩子，尽量多跟孩子聊天，通过亲切的眼神、细心的照顾和亲近的身体接触，让孩子时刻感受到家长给予的温暖和爱。孩子的安全感提升了，自然就没有那么惧怕死亡了。

方法二：避开正面回答，使用移情疗法

孩子在害怕死亡的时候通常会问："爸爸妈妈你们会死吗？我将来也会死吗？"对于这种很难向孩子解释清楚的问题，家长其实没有必要正面回答，因为三、四年级的孩子理解能力相对有限，哲理性的解释对他们来说可能很难理解。所以，这个时候家长可以运用移情疗法，避开这个问题，多带孩子参加既好玩又有益的活动，多到户外运动，转移孩子的注意力，慢慢地孩子就会把这种恐惧丢掉了。

方法三：不要用话语恐吓，要以物喻人

比如有些家长会跟孩子说"这么不小心，掉下去摔死怎么办"，或者是

"再不打针吃药,发烧就会越来越厉害,最后会把人烧死的"。这些话都是家长吓唬孩子的,目的是让孩子注意安全、按时吃药,殊不知这些话会提醒孩子还有死亡这么一回事,促使他们去思考死亡这个话题,结果孩子没想清楚死亡是怎么回事,对死亡的恐惧感愈发强烈。

因此,家长在与孩子谈论死亡时,可以避免把人作为对象,拿动物来做比喻,会让孩子更容易接受。比如可以对孩子说,一些生命的离去就像是毛毛虫长大了会变成美丽的蝴蝶,蝴蝶产下许多卵后会死去,但是,还会有许多毛毛虫从卵中再孵化出来。另外,还要告诉孩子死亡并不恐怖,它会让我们更珍惜与亲人相处的时间。

拓展阅读

死亡教育的三方面内容

一是消除恐惧。引导孩子了解人类生老病死的规律,告诉孩子死亡并不可怕,生命是美好的,享受今天的生命更重要。

二是揭示生命的意义。事实上,死亡教育的出发点和落脚点在"生",即通过对死亡的认识和思考,探讨生命的价值和意义。告诉孩子生命的含义非常丰富,包括生理生命、心理生命和社会生命。一个人死去了,并不表示这个人的生命就完全消失了,他的爱、他的品质、他的思想和成就都是其生命的延续。正是因为有了死亡,活着才更有意义,让孩子看到时间的宝贵,看到生命的价值,进而理解生命的意义,更加有动力地活下去。

三是临终关怀。让孩子参与对即将离世的亲人的照料,让孩子知道每个人都应该有尊严地走到生命的终点,在关怀中与亲人建立更深的情感联结并慢慢接受人都会死亡的事实。

4. 陪孩子对校园欺凌说不

2016年12月,北京某小学一学生家长在网络上发布文章,讲述了自己孩子遭受的校园欺凌,引发广泛关注。这位家长称孩子长期遭到班里两名同学的欺凌,被他们用厕所垃圾筐扣头等。孩子被欺负后在家中出现情绪激动、痛哭、失眠等症状,后被医生诊断为患有急性应激反应。

2017年12月,广西靖西某小学六年级一名女学生遭到多名同学连扇耳光、拳打脚踢。据了解,该事件仅是由两名同学在学校日常生活中的小矛盾所引发。

2019年6月,河南焦作某小学操场发生校园欺凌事件。据某视频显示,短短3分钟里,被围观殴打的女孩共鞠躬和道歉10次,被同学打脸11次,女孩在流泪哽咽后依然被打脸。视频中可见女孩脸颊有明显红肿印记。

校园欺凌是指发生在校园内外,当事人主要为学生的一种攻击性行为。攻击性行为包括肢体或言语的攻击、人际互动中的抗拒及排挤,以及类似性骚扰般地谈论或对身体部位的嘲讽、评论、讥笑。欺凌是一种有意图的攻击性行为,通常会发生在力量(包括生理力量、社交力量)不对称的学生之间。

近年来,校园欺凌事件屡见不鲜,并呈现出低龄化、群体性、反复性的特点,引起了社会各界的广泛关注。校园欺凌给孩子带来的心理阴影是非常大的,欺凌行为可能通过言语、肢体、网络、电话、文字等媒介,使被欺凌者在身体、心理、社会适应方面受到伤害。那么面对可能存在的校园欺凌,家长应该做些什么来更好地帮助孩子呢?

首先,有计划地对孩子进行反欺凌教育

家长告诉孩子他可能会遇到校园欺凌这个问题,让孩子有所防备,要清楚地告诉孩子什么样的做法是欺凌行为。与此同时,家长还要坚定地告诉

孩子：校园欺凌是极其恶劣、极其错误的行为，如果自己遭受欺凌，应该第一时间告诉自己信任的成年人，特别是家长，家长一定会全力地支持、保护他们。

其次，帮助孩子建立强大的自我

如果家长不希望自己的孩子被欺凌，则需要帮助孩子建立强大的自我，培养孩子自我保护的能力。家长要通过自己的行为让孩子知道何为尊重，向孩子强调要自尊、自爱，帮助孩子发现和欣赏自己的优点。美国加利福尼亚大学心理学教授沙恩·吉姆森曾经说过一句话："父母可以提供给孩子最好的保护就是培养他们的自信心和独立性，在必要的情况下勇于采取行动。"鼓励孩子在遭遇欺凌的时候，勇敢地使用语言，比如"停止""后退""这非常不好"等喝止对方，明确表示自己感受到被冒犯，但不要用具有攻击性的语言来回击。还要教孩子应对欺凌的技巧，如以幽默言辞回避挑衅，情势紧急时保持冷静不要慌乱，找机会转移施暴者的注意力，逃离可能被欺凌的环境，找朋友帮助，等等。

如果怀疑孩子遭遇了某种形式的欺凌，家长可以采取以下应对措施。

第一步：保持冷静，以随意交谈的形式与孩子交流

比如问孩子"今天下课玩了什么呀""今天中午学校的伙食怎么样啊"，基于孩子的回答和反应再作判断，通过孩子的表情、眼神和身体动作，确定孩子是否有被欺凌的遭遇。如果家长疑心重重或者严肃焦虑地直接询问孩子，反而会引起孩子的警觉，他可能会拒绝承认被欺凌。

第二步：如果确认孩子遭受欺凌，要第一时间对孩子表达支持

如果确定孩子遭受欺凌，千万不要简单地说"你自己解决""为什么人家不欺负别人只欺负你啊""没事，同学之间打闹很正常"等。因为孩子如果受到欺凌，就意味着他仅凭自己的力量无法解决这个问题，而家长的忽视，很

可能导致他感到无助，从而陷入绝望。家长要对孩子表示支持，告诉他欺凌者会受到惩罚，不要激动地告诉孩子"谁欺负你，你就打回去啊"，因为"打回去"可能导致孩子受到更严重的伤害，如后续的报复或排挤。

家长要理解，遭到欺凌的孩子会产生无力感，陷入低自尊状态，因为他们觉得自己应该有能力去解决这件事，但事实上却做不到。所以，有的孩子不愿意说这件事。这时家长应当温和而坚定地告诉孩子：遭到欺凌绝对不是孩子的错，没有人应该受到欺负。

第三步：正确寻求帮助，而不是冲动地直接联系欺凌者的家长

家长要和孩子一起面对、解决欺凌问题，要告诉孩子自己愿意帮忙，问问孩子自己做些什么能让他感觉安全。如果孩子愿意诉说就耐心倾听，帮孩子分析情况，或讨论再次发生时如何应对；如果孩子不愿诉说也要理解，可以带孩子寻求专业人士（如心理医生）的帮助。与此同时，家长要积极寻求学校、老师的支持，与学校沟通解决问题的方法；必要时，也可以寻求学校之外的援助，如公安机关、法律系统、新闻媒体。

需要谨慎考虑是否要第一时间联系欺凌者的家长，因为有的欺凌者的家长在教育孩子方面存在严重问题，很难通过与他们直接沟通解决问题，甚至有时可能会引发更大的矛盾，导致情况变得更糟。

父母随笔

温暖有爱的家庭

▶ 第1章 怎样营造良好的家庭氛围

▶ 第2章 怎样陪伴孩子

▶ 第3章 创建良好的家庭环境

▶ 第4章 保持良性的家校沟通

第1章
怎样营造良好的家庭氛围

三、四年级的孩子开始关注家里发生的事情，他们甚至非常愿意参加一些家庭大事的讨论，个人的道德意识和是非观念增强，对父母之间的关系也很敏感。父母有矛盾，他会焦虑；父母很亲热，他又会吃醋。他关注大人的电话、信件、聊天，试图找到自己在家庭中的位置。对家庭的感知能力进一步提升，对家庭的很多事物越来越熟悉。

1. 与孩子一起读书学习

曼曼的爸爸妈妈都是电视迷，爸爸喜欢看体育类节目，妈妈喜欢看各种家庭电视剧。每次晚饭后，爸爸妈妈就让曼曼自己写作业，他们则开始看电视。虽然电视声音很小，但曼曼总是可以听到一些动静，因为曼曼家里比较小，学习的书桌和电视机都摆在客厅里。曼曼也很喜欢看电视，而且她现在不只喜欢看动画片，也开始对成年人看的节目感兴趣，妈妈看的电视剧她都能看懂。结果每次写作业的时候，曼曼总想偷看电视里的节目，有时候还会找些理由，比如题目不会要求帮助或者拿东西、上厕所之类的，借机走到电视机前。但爸爸妈妈正沉浸在电视节目里，往往没有心思回应曼曼，即使曼曼确实有些题目不会，妈妈也只会说："你都这么大了，写作业还要妈妈帮忙，自己回去解决。"结果过了一段时间，曼曼越来越不想写作业，看电视的欲望反而越来越强烈，会抓住一切可以看电视的时间，学习成绩慢慢变差了。

大多数父母都非常重视孩子的学习，但千万不要觉得学习仅是孩子的事情，学习成绩的好坏只取决于孩子是否努力。父母为孩子营造一个安静的学习环境，创设一个爱学习的家庭氛围，对培养孩子的学习兴趣和学习习惯有非常重要的作用。

首先，为孩子设计一个专门用来学习的区域

有条件的话，尽量为孩子准备一个专门的房间学习，房间要整洁明亮，不能摆放电视、玩具等跟学习无关的用品。如果家里空间确实有限，也要用空间隔离的方式给孩子设置一个学习角，放适合孩子身高的书桌和椅子。在孩子学习的时候，父母尽量保持安静，不要打扰孩子，减少会分散孩子注意力的各种活动。

其次，尽量为孩子提供丰富的家庭学习资源

比如准备足够丰富的家庭藏书，包括供孩子阅读的各类书籍，以及与父母专业和兴趣相关的书籍。除此之外，还可以放一些古典文学作品，如曹雪芹的《红楼梦》、施耐庵的《水浒传》、罗贯中的《三国演义》等。中国现当代文学作品也是家庭书架上不可缺少的书籍，如老舍的《骆驼祥子》，巴金的《家》《春》《秋》，曹禺的《雷雨》《日出》，钱锺书的《围城》，等等。此外，家庭书架最好再备置几部史书、名人传记、外国文学名著和一些常用工具书。每个家庭都可以根据自己的情况设立家庭书架，让每个家庭成员都喜欢读书，并让书香浸润家庭的每个角落。

最后，父母要与孩子一起学习

父母在孩子眼里是什么样的人，对孩子很重要。如果父母在生活中是有文化品位、有职业理想、热爱学习的人，也会潜移默化地激发孩子求知上进的动力。比如孩子在专心地学习，妈妈在旁边安静地读书，爸爸则潜心整理明天工作中所需的资料，这种家庭环境相比于妈妈看电视剧、爸爸玩游戏的家庭环境肯定更加有利于孩子的学习和成长。父母在不断为孩子确立学习目标的时候，也可以设定一个家庭学习目标，不要让孩子觉得在这个家中父母都不学习，只有自己在学习，这样孩子就会本能地抗拒学习。

2. 与孩子一起制定并遵守家规

家规是家庭契约精神的一种体现，是所有家庭成员约定俗成的各种规矩。家规家训形成的过程也是家族式道德教育乃至世界观、人生观和价值观形成的过程，是中国传统文化中家庭教育的重要体现。现代家庭在重视孩子个性、推行内部平等和民主的基础上，需要制定一些家规来树立"行为标杆"，划定"道德红线"，让家庭成员特别是孩子明白"有所为而有所不为"。家规对于父母来说更加强化了父母对孩子的言传身教，遵守家规的父母一定可以更好地在孩子面前发挥模范榜样的作用。为了更好地发挥家规在家庭文化建设过程中的作用，家长需要注意以下几点。

首先，要告诉孩子为什么要制定家规

家规不只是为了约束孩子，而是全家人都要遵守的规则。父母需要告诉孩子，制定家规的目的是让整个家庭变得更好，让家里的每个人都养成良好的生活习惯和学习习惯。父母还可以多跟孩子讲讲家规对孩子的益处，比如有了家规，爸爸妈妈会少些唠叨，不能擅自进入孩子的房间，等等，这样能让孩子理解并支持制定家规。

其次，要让孩子参与家规的制定

有些父母在制定家规时，只是按自己的意愿和要求来制定，或者学习和模仿社会通用的一些规则，强迫孩子接受并遵守。这样强加的规则，孩子怎么会愿意遵守呢？所以，父母一定要和孩子一起制定家规，这样孩子就会乐于遵守自己定的规则。当然让孩子参与制定家规并不能完全听从孩子，要所有家庭成员共同商量并一致认可才行。家规要符合自己家庭的特点和需要，不要盲从别的家庭。在制定家规的过程中可以把主动权交给孩子，让他自己作出判断和选择，这样做一方面尊重了孩子，另一方面也培养了孩子的担当能力。

再次，家规的实施必须严格

家规一旦制定，所有家庭成员在任何时候都需要遵守，执行的态度必须坚决。比如跟孩子一起制定的家规规定周一到周五全家人都不看电视，那么父母首先必须做到，再约束孩子做到。可能家规刚开始实施的时候孩子会不适应，特别是孩子完成作业后，有些父母认为偶尔违背一次家规，让孩子放松一下也没关系，但其实这样做非常不利于家规的实施。父母必须监督孩子对家规的执行情况，态度一定要坚决，这样才能显示家规的权威性、重要性和必要性。可以将家规打印出来，放在家庭成员容易看到、非常醒目的位置，也可以借助一些小道具来帮助孩子执行，比如在一些需要控制时间的任务上，就可以用闹钟、沙漏等计时工具来提醒孩子。

最后，要设立奖惩制度

家规不仅包括各种规则和制度，还需要明确奖惩的办法：执行很好的情况下，会有哪些奖励；没有按家规执行的情况下，会有哪些惩罚。根据奖惩制度，孩子做得好的时候，父母要及时给予鼓励和表扬，让孩子获得更大动力。奖励可以包括物质上的、精神上的或者时间上的。物质上可以奖励孩子喜欢的玩具；精神上的奖励主要是言语的表扬和鼓励，让孩子感受到被认可和赞扬；时间上的奖励，比如给孩子可以自由支配的时间，增加玩耍的时间，等等。但如果孩子违反了家规，就要接受惩罚、承担后果，比如一周不准看电视、周末不能出去玩或者重新完成任务等。通过这样的惩罚，孩子能更清楚遵守规则的重要性。

3. "我们仨"的"珍珠"时刻

一个三口之家的幸福时刻

孩子：

（1）爸爸妈妈不在家，电脑忘了设密码；

（2）今天老师家里有急事，早下课3分钟；

（3）钢琴坏了，3天不用练琴；

（4）爸爸记错了时间，没送我去兴趣班。

妈妈：

（1）躺在床上看电影、吃零食，而他正在拖地板；

（2）儿子去春游，将有2天不在家；

（3）找出那件久违的结婚礼服，腰身依然合适；

（4）心情烦闷，无以解忧，先咬他一口"解恨"。

爸爸：

（1）感冒真好，可以不刷碗、不拖地，还有鸡汤喝；

（2）老婆赚了3 000元，自己的工资不多不少，刚好比她多出100元；

（3）带着108.50元的私房钱去打牌，居然赢了；

（4）世界杯开赛了，老婆刚好要回娘家小住几日。

这是在网上看到的一家三口写下的在家庭中的幸福时刻，因篇幅所限，只是节选。虽然读起来感觉很幽默，但仔细思考后却能感受到这种家庭氛围中的推诿、逃避和冷淡。每个人在家庭中的幸福来源都是对任务的逃避等内容，与爱、奉献、赞美这些元素无关，着实让人觉得惋惜。

心理学家、婚姻专家黄维仁博士认为：人的一生就像是一条由很多珍珠串成的项链，有很多美好的时刻，那一刻散发出的温暖光芒就像一颗温润的珍珠。我们要在记忆里保存好这样一颗颗的珍珠。在亲子相处和家庭成员相处的时光中，也会有很多这样的"珍珠"时刻。在这样的时刻里，我们感恩孩子给父母带来的希望和快乐，孩子也会感恩父母的精心呵护，感恩家庭处处充满的包容和爱。所以亲子陪伴不仅仅需要充足的陪伴时间，还需要提升陪伴的质量。在亲子相处的过程中，很多"珍珠"时刻让孩子和父母都记忆深刻，这种高质量的亲子时光使家庭更加温暖有爱、和谐融洽。

具体到现实生活中，要拥有美好的"珍珠"时刻需要做到下面几点。

第一，陪伴孩子时，父母要全身心投入

父母陪伴孩子的时候，让孩子感受到父母的心是跟他在一起的。比如仔细倾听孩子讲话，知道他在做什么、在想什么，他的感受是什么，并根据这些给予及时、准确的反馈；可以关注孩子细微的变化，一起讨论某个问题。但现实中"身在曹营心在汉"的父母特别多，很多父母会一边做家务或者一边看手机一边陪孩子，还有一些父母在陪孩子时从不参与孩子正在做的事，而是选择旁观，这样的陪伴都只是停留在形式上。

第二，创设一些仪式感较强的"珍珠"时刻

除了上述的全身心投入、高质量的陪伴，父母还需要创设一些仪式感比较强的"珍珠"时刻。比如为孩子庆祝生日，仪式不需要多隆重，但父母必

须用心，给孩子精心准备礼物，如给孩子写一封信，总结孩子的成长过程，写一些寄语和鼓励，让孩子对每一个生日都记忆深刻。除了孩子的生日、父母的生日、夫妻的结婚纪念日，还有一些传统节日，都可以重视起来，精心安排，让家庭生活过得更有仪式感。

生活其实需要一定的仪式感，这可以让家庭成员有更多的机会聚在一起表达对彼此的情感，从而让孩子更深刻地感受到家庭成员之间的支持和爱。这一个个"珍珠"时刻就串成了熠熠生辉的家庭"珍珠项链"。

第三，在陪伴观念上要记住陪伴是平等的

陪伴不需要父母做主导，父母要放下用亲身经验去教育孩子的想法，少言多听，通过沟通了解孩子希望的陪伴方式，用孩子喜欢、认可的方式去陪伴他。

尽管很多家庭意识到了父母应该多陪伴孩子，不应错过孩子的成长，但是很多父母只是拿出了时间，却忽略了陪伴的质量。一些父母觉得仪式太烦琐，觉得没有必要；一些父母则羞于表达情感，把对孩子和家庭的爱藏得很深。在这样的家庭里孩子感受不到爱和情感的流动，会觉得生活很平淡。其实，孩子对情感的需求非常强烈，甚至希望听到一些夸张的表达，他们的情感也不是内隐的，父母要根据孩子这种情感需求的特点，用各种"珍珠"时刻来告诉孩子父母是多么爱他，这个家庭是多么温暖。

拓展阅读

"123"法则

家庭教育"123"法则，就是每天1次，每次20分钟，父母与孩子做以下3件事中的任意一件。3件事包括：一起读书，一起玩游戏，一起聊天。

4. 召开家庭会议吧

妈妈的发言：孩子放学回家必须首先完成作业，作业最好在晚上九点半之前完成；早晨应迅速起床，不能拖拉；要勤刷牙、勤洗头，养成良好的卫生习惯。

爸爸的发言：每天要适量运动；每天至少做一件家务。

女儿的发言：希望爸爸妈妈周末给自己留出看动画片的时间；在出去旅游之前要召开家庭会议，一起商量去哪儿，而不是爸爸妈妈单方面决定。

上述内容是小薇一家周末开家庭会议的一些决定。我们对"家庭会议"一词并不陌生，它是一种旨在促进亲子沟通，进而促进家庭关系和睦的家庭教育方式。在日常生活中，定期召开家庭会议，对家庭近期的生活和学习进行总结反思，或者就家庭重大事件进行讨论，提出一些有针对性的意见，这样既能为家庭成员提供理性沟通的渠道和解决问题的平台，同时也体现了父母对孩子的尊重，是家庭民主的重要体现形式，对于解决亲子问题、子女成长阶段的问题有现实意义，可以为全体家庭成员创造一个共同提升进步的空间。

家庭会议在当代的家庭教育中已经慢慢被认可，但开展得还不够普遍，也存在很多问题。召开家庭会议，父母必须注意以下几个方面。

第一，家庭会议应该有一个大致的周期

家庭会议不宜太频繁，但也不能间隔太长时间，具体的周期应该根据自己家庭的情况，由全家人一起商量决定。家庭会议的周期一旦确定，就要按时召开。

第二，家庭成员轮流主持会议

所有家庭成员都有权利主持家庭会议，特别是要给孩子主持会议的权利，在会议中也应该保证每个人的观点都得到表达。家庭会议的核心是平等协商，

因此父母必须摒弃权威者和决策者的角色，有关事项的决策采取讨论协商的方式，跟孩子一起确定每个人都能接受的方案。

第三，会议内容要有记录

把家庭会议的内容记下来，会议的过程、主要发言内容和会议的决定都尽量完整记录。可以在家里准备一本小册子，专门记录每次会议的内容，并将它放在家里醒目的地方，这样就可以方便监督每一位家庭成员是否执行了家庭会议的决定。

第四，要防止家庭会议变成发牢骚会议和批判孩子会议

家庭会议中尽量避免对家庭成员抱怨的言论，更不要将家庭会议变成批评孩子、为孩子立规矩的"批判大会"。家庭会议的内容应该广泛，很多家庭事务（比如家务分工、节日安排、外出旅游等）都可以在家庭会议上讨论。家庭会议不要仅讨论孩子的学习，否则孩子会排斥家庭会议，觉得家庭会议就是针对自己的，是管理自己的另外一种形式。

拓 展 阅 读

家庭会议的常见内容

（1）学业学习类。主要是针对孩子的，比如临近期末考试，全家人可以坐到一起跟孩子商量，制订系统的复习计划。孩子最近的学习出现了一些阶段性的问题，也可以在家庭会议上一起讨论，协商解决。另外父母的工作、学习安排也可以在家庭会议上讨论，比如父母其中一方打算攻读更高的学位，在这种情况下家庭会面临哪些困难，每个家庭成员需要做什么调整和分工，等等。

（2）生活事务类。主要包括家庭的休闲娱乐、旅游度假、家务分工、购物消费等内容。比如"十一"长假的旅游安排、家庭的购房换房计划、某个

家庭成员需要购买贵重物品等，都有必要召开家庭会议讨论协商。

（3）阶段总结类。一般定期召开，每个家庭成员对一个阶段内自己的进步与不足之处进行总结和反思，大家相互提意见和建议，以便改进、提高。比如每到年末，家庭成员可以聚在一起讨论自己过去一年的进步和不足，也可以规划新的一年自己的发展目标。

5. 充满魔力的家族力量

俊俊的曾祖父是一名老红军，曾经参加过抗日战争，在战争中受过伤，如今虽然年纪大了，但是思维却非常清晰，行动利落，记忆力也很好。他经常跟俊俊讲述自己当年参加战争的情景，俊俊非常喜欢听，还让爸爸讲了很多跟抗日战争有关的故事。俊俊的老家在河北省，每次节假日回老家的时候，俊俊都可以看到很多颇具历史感的老物件，这些物件背后也都有一些跟家族延续有关的故事，如二十年前爷爷亲手制作的四腿矮桌。俊俊会让爷爷或者爸爸给自己讲这张桌子是怎么做的，还有爸爸小时候一家人围着这个桌子吃饭的情形。慢慢地，俊俊对自己的家族了解得越来越多，曾祖父的英雄形象、爷爷的勤劳手巧、父亲小时候的艰难节俭，这些都在俊俊心里留下非常深的印象。他向同学们讲自己家族的故事时滔滔不绝，也自豪满满。

随着社会的发展，现代家庭的规模逐渐缩小，家庭的迁徙性增强，很多三口之家远离祖籍，在异地他乡扎根，这导致很多孩子与整个家族的联系变得越来越少。他们不知道自己的祖籍在哪里，甚至有的孩子对爷爷奶奶以及同辈的堂兄弟姐妹都是陌生的。像上文中的俊俊这样，特别了解家族历史的孩子其实并不多。事实上每个家庭都有延续和传承的历史，积累了很多优秀的家族文化，如果让孩子对整个家族历史有更多的了解和认识，可以增强孩子对家族的认同感和归属感，也可以培养孩子更多优秀的品质。因此，父母可以通过下面的方式帮助孩子了解更多的家族历史。

一是讲述家族史中具有代表性、典型性的人物故事

家族在发展延续的过程中会出现一些特别有代表性甚至榜样性的人物，就如上文中提到的俊俊的曾祖父一样。这些典型人物的经历或者事迹往往蕴含很强的教育力和感染力，孩子通过聆听这些生动感人的故事，就会在潜移默化中把祖辈的优秀品质和家庭的优良传统传承下来，也会对自己的家族产生更强的认同感和自豪感。他们从祖辈那里学会如何努力进取，如何吃苦耐劳，优秀的家族文化会慢慢地内化到孩子的品行中去。

二是建立家庭档案[①]

家庭档案是家庭成员在家庭生活和社会活动中形成的，由具有保存价值的文字、图表、音像及其他各种形式的历史记录组成。家庭档案是家庭教育的生动教材，家庭档案中合家欢聚的照片、家庭成员生日录像、家庭大事记等，有助于家庭和睦，建立良好家风，增强家庭幸福感和凝聚力。家庭档案作为一种有形的原始记录，是家庭文化的一部分。

首先，家庭档案需要制作丰富的内容，可根据家庭成员的兴趣和时间有选择地建立

比如可以建立家庭成员的照片、音像档案，在生日、旅游观光、聚会娱乐等家庭重大活动时拍照留念，并根据一定的线索归类、整理，建立图片档案或视频档案；也可以建立家庭成员的学习档案，包括各种学习资料、奖状、奖牌，各种考试的成绩单，等等；还可以建立包括个人特长、爱好、收藏在内的专长档案，如不同时期的书画作品、学术论文、专著、收藏的各类艺术品、收集的书报刊物等；还可以建立家庭成员的健康档案，包括病历、诊断

[①] 郑剑波，蒋玉梅. 建立家庭档案 传家史树家风[J]. 山东档案，2018（2）：66-67.

书、化验单、体检表、血型报告、住院记录、疫苗接种和药物过敏记录，以及饮食禁忌，等等。

其次，建立家庭档案需要家庭成员的坚持和努力

家庭档案的建立不是一朝一夕可以完成的，各种资料也是繁杂琐碎的，需要家庭成员付出很多的时间和精力。让孩子一起来整理，可以在无形中培养孩子的耐心和条理性。在平时的家庭活动中，父母需要有意识地保留家庭档案所需要的各种资料，并及时进行记录整理。

三是多带孩子回老家看看

让孩子多感受祖辈、父辈生活了几十年的故乡的风土人情。有些父母因为老家太远、居住条件差或者工作太忙等原因，很少带孩子回老家，这样从空间上就割断了孩子与家族的联系，无形中淡化了孩子的家族观念和意识。

第 2 章
怎样陪伴孩子

三、四年级的孩子既需要父母陪伴，在某种程度上又不需要陪伴。一方面他们毕竟还是孩子，在情感上、生活上都依赖父母，在父母眼里，这个年龄段的孩子仍然是小孩儿；另一方面在孩子眼里，自己已经长大了，要脱离父母，要自我管理。因此，对于三、四年级孩子的父母来说，什么时候应该陪伴，什么时候应该放手，陪伴的程度如何把握，是一个艰难的选择过程。

很多三、四年级的孩子特别不愿意父母还把他们当小孩子看待，不愿意听到"我的小宝贝"这样幼稚的称呼，在有些方面希望把父母推得远远的，不想听父母的说教，而是希望按照自己的意愿，以自己的方式，在自己喜欢的时间去做想做的事情。所以这个年龄段孩子的父母需要做一定的"定位调整"，以适应不同于以往的新型亲子关系。这个调整主要是把父母与孩子之间的关系从"上下"定位调整到"接近水平"定位。具体来说，就是之前父母可以决定孩子的很多事，但是从现在开始，孩子对自我越来越看重，父母插手孩子事务的程度要下调，孩子自主的程度要上升，否则就会导致亲子关系紧张甚至亲子冲突。

1. 叛逆不是孩子的错

不知不觉，儿子已经9岁了，时间过得可真快！感觉孩子昨天还在幼儿园，今天就已经上三年级了。之前那个乖巧懂事的孩子不知道什么时候"跑掉了"，现在的儿子开始说谎、厌学、拖拉、赖床、爱发脾气、看电视不节制，总和父母对着干，作为父母真的不知道该怎么办了。

很多父母发现孩子上三年级之后会有一些转变：开始不好管，有自己的主意，跟父母对抗。确实，孩子在三、四年级这个阶段都会经历一次明显的叛逆期，因此父母需要采取合理的方法应对这个阶段孩子的叛逆。

首先，要接纳和理解孩子的叛逆

叛逆是孩子成熟的表现，叛逆意味着孩子的自我意识发展又上了一个新台阶，代表孩子各项能力的提高。比如孩子思维的逻辑性更强，对时间的感知更加精确，这些变化让他们觉得自己有能力做主，不需要再处处听从父母的安排。所以父母要理解这种叛逆不是故意挑衅，而是孩子成长的必然过程，这样在出现亲子冲突时父母才不至于情绪、行为失控。父母需要先接纳和理解孩子不听话的举动，甚至可以肯定孩子"长大了""有思想了"等，只有这样，才能更深入地了解孩子叛逆背后的真实想法，才能更好地教育孩子。

其次，要改变自己

父母要反思自己有没有随着孩子的长大而改变教育方法，是否还在固守孩子小时候的那一套教育方式。父母是一个需要终身学习的"职业"，随着孩子长大，父母的教育方式也要相应做一些调整。如何面对三、四年级孩子的叛逆？父母可以尝试如下做法。

第一，对孩子适当放手

三、四年级的孩子已经可以独立做一些事情，父母不要觉得孩子还小，在很多事情上还是主动代劳。虽然还有很多事情孩子做不好，但这不是父母包办一切的理由，父母必须学会放手。

第二，少说"不要""不许"这些具有严格禁止意义的词语

很多行为越是父母禁止，孩子的反抗越强烈，孩子的第一反应往往是"我偏不"。所以父母可以给予一些赞赏和奖励来巩固孩子的良好行为，尽量不要采用惩罚和禁止的方式来应对孩子的不良行为。

第三，不要给孩子贴各种问题标签

当孩子做出一些不良行为时，父母不要武断地评价孩子"你就是不努力学习，你怎么这么不听话，就知道跟爸爸妈妈对着干，你怎么这么笨"，这些评价会打击孩子的自信，引起他们的不满。逆反往往是孩子在做错事情的时候，由父母简单粗暴的批评引起的。因此父母可以具体指出孩子行为的不妥之处，而不是在能力、态度、品行这些原则性问题上下结论。

第四，注意孩子情绪的疏导

三、四年级的孩子负面情绪会增多，他们有了更多的心事，也有了更多的烦恼。父母要学会倾听孩子的心事，帮助孩子了解自己的情绪，鼓励孩子表达自己的情绪，并教孩子一些情绪调节的方法。

拓展阅读

人生的三个叛逆期

人的一生有三个叛逆期：2岁时开始出现第一个叛逆期，3岁的时候表现最为突出，称为"宝宝叛逆期"；7岁左右，则迎来第二个叛逆期，称为"儿童叛逆期"；12—18岁是第三个叛逆期，这也是大家最常说的"青春期叛逆"。不同阶段的叛逆，需要父母运用不同的方法来应对。

2. 上下学路上的亲子沟通

学校离家很近，孩子有时候可以自己回家，但我还是坚持要每天早上送她到学校，晚上去接她回家。她刚开始不情愿："妈妈，很多同学都自己回家了，那条路我已经很熟悉了，自己回来完全没有问题。"但我很动情地说："正好我有时间，学校也离家不远，每天只有这短短10分钟的路上时间，是真正属于我们的二人世界。等你再大一些，妈妈就没机会接送你了，特别是将来你上了中学，还可能要在校寄宿。你我面对面好好相处的时间早已屈指可数，我想好好陪伴你，共同度过这段美好的亲子时光。"于是，女儿也没再坚持。

短短10分钟的路程，女儿说得多，我说得少，我基本上就是一个忠实的听众。每当快到学校门口或家门口，看着女儿意犹未尽的兴奋劲儿，我常常模仿广播里单田芳老师的语气："欲知后事如何，请听下回分解。"于是，母女两人傻傻地相视而笑。有一次，我身体不适，送女儿到路口等红绿灯时，她坚持不让我再送。我站在路口的这头，目送着女儿渐行渐远的背影，鼻子微微泛酸。女儿三步一回头地挥手让我快点回家，恍惚间，我们好像已经开始上演"我陪你长大，你陪我变老"的情节。这短短的陪伴孩子上下学的10分钟，便是我和女儿一天中最美好的亲子时光。

这是一位妈妈在互联网上发表的一篇关于陪孩子上下学的文章，文字所表达的情感和体会让很多父母产生共鸣。太多父母曾有陪孩子上下学的经历，但很多父母把接送孩子上下学当作保证孩子安全的做法，没有意识到这段时间是一段非常难得的亲子时光。正是因为仅出于安全考虑，一些父母只注重小学低年级孩子上下学的接送，但从亲子陪伴的角度来看，小学中年级的孩子也希望父母陪他们走过一段路程，只是与低年级孩子的接送不同，中年级孩子的接送重点已经不是仅仅保证孩子的安全，更重要的是要打造难得的亲子沟通时间。

具体来说，父母可以做如下调整。

第一，调整亲子沟通的内容

孩子在低年级的时候，父母接到孩子那一刻更多关心的是：今天午饭吃饱了吗？现在饿不饿啊？在学校有按时喝水吗？孩子到了中年级，一些父母关注的重点就只有学习：今天上课认真听讲了吗？老师跟我说你今天上课又跟同桌说话了……这样的聊天内容很可能引发父母对孩子的批评和指责，让孩子慢慢变得非常反感。

所以父母要有意丰富聊天内容，不仅关注孩子的学习，而且要多找孩子乐于回答的和感兴趣的话题。可以跟孩子谈谈最近学校、社会所发生的一些热点事件，让孩子分享班里的奇闻乐事，也可以就一件事情跟孩子交流彼此的观点和看法，尽量进行愉快或有意义的聊天。

第二，调整亲子沟通的形式

孩子在低年级时，可能是父母问孩子答的情况多，但现在父母需要学会倾听，让孩子主动多说。父母应带着好奇、欣赏的态度，仔细倾听孩子说了什么，尽量减少批评和负面的评价。无论怎样，孩子在学校辛苦学习了一天，在见到父母的那一刻开始就被批评指责，是每一个孩子都不愿接受的。特别是孩子在学校遇到困难或者不开心的事情时，更需要父母以积极信任的态度疏导其消极情绪，给予孩子更多的接纳和鼓励。比如孩子说"妈妈，今天我数学考得很好，老师表扬我了"，如果妈妈回答"是吗？这种表现可不多哦！"或者"考得好也得继续努力啊！否则下次就不一定能考得这么好了"，这种习惯性"不信任"的回应内容给了孩子一种强烈的暗示——"我可能不那么好"。这种对孩子的不信任，让孩子无法体验到快乐、积极的情绪。此时正确的做法是立刻肯定孩子的成绩，跟孩子一起分享取得好成绩的喜悦："你太棒了，考得这么好，妈妈跟你一样开心，一会儿回家妈妈给你做你最爱吃的红烧鱼，好吗？"

第三，可以谈一些父母自己的事情

父母每天工作很忙，面对很多压力。父母可以根据孩子的理解能力选择一些合适的问题跟孩子一起讨论，让孩子分享自己的快乐，也让孩子帮自己出主意，使上下学路上的沟通内容更加广泛、丰富。也可以让孩子谈谈对父母的看法，比如"妈妈这样处理，你觉得怎么样？""你觉得爸爸妈妈最近哪些地方做得不好？"等等，从孩子那里获得反馈。这方面的内容在以往父母和孩子的沟通中涉及比较少，孩子往往会习惯性地隐藏自己对父母的真实看法，父母也常常忽略自己对孩子的影响，导致很多亲子沟通问题得不到及时解决。

把父母接送孩子的时间变成亲子沟通交流的美好时刻，孩子一定会喜欢这样的接送时光。

3. 孩子，我还是要抱抱你

有网友反映，在广州南开往江西某地的高铁上，发现邻座一名男子对一个女童做出猥亵动作。从该网友提供的视频中可以看到，一个三十多岁的黑衣男子抱着一个五六岁的小女孩，不断抚摸、亲吻女孩的背部、脸部、颈部……小女孩一直都很抗拒，试图挣脱。据该名网友观察和推测，这名男子和小女孩应该是父女关系，他们旁边还坐着一个三十多岁的女子和一位老人，小女孩叫她们妈妈和外婆，但两人一直在看手机，毫无反应。

对于这个男子的行为，不少网友表示很气愤。后经警方调查，男子与小女孩确实是父女关系，不构成猥亵。但是这个父亲对待女儿的方式没有问题吗？父母与孩子之间怎样的身体接触是合适的，这也是很多父母需要考虑的问题。

首先，跟孩子适度的身体接触非常必要

一方面，三、四年级的孩子在父母眼里已经长大了很多，特别是现在物质条件好，营养丰富，一些孩子在上三年级的时候就已经长成大姑娘、大小伙子的个子了，所以一些父母就觉得不应该跟孩子太亲昵了。另一方面，父母对孩子学习的关注度增加，更多时候与孩子交流的都是关于学习的话题，亲吻、拉手、拥抱、抚摸这些充满感情的身体接触就慢慢变少了。

但实际上，父母与孩子之间在任何阶段都需要合适的身体接触，充满情感、自然的身体接触对孩子的成长是非常有意义的，它表明父母与孩子之间的情感是健康圆满的。比如孩子早晨去上学时，父母的一个拥抱，可以让孩子带着爱的力量走进学校；下午放学回家时，父母的一个拥抱，可以让孩子从一天的辛苦学习中放松下来。用心用情的身体接触是一种强有力的表达爱的方式。当父母的爱表达得自然并且使人舒服时，孩子会身心愉快，在与别人沟通时也会大方自在。

其次，父母需要调整身体接触的方式

到了这个阶段，父母需要思考哪些亲昵行为已经不合适了，应该用什么样的身体接触方式去表达自己的爱，尤其是要注意身体接触的部位。具体来说，亲子之间的拉手、拥抱、抚摸非性器官的身体部位都是可以的。另外，三、四年级的男孩对于活泼有力的身体接触方式容易有回应，例如摔跤、推挤、玩笑式的打闹、热烈的拥抱、击掌等等。女孩也喜欢这种接触方式，但她们更喜欢温柔的碰触。但子女比较隐私的部位，特别是性器官，无论是同性父母还是异性父母都禁止接触。比如异性父母和子女之间"嘴对嘴"的亲吻就已经不合适了。这种亲吻对三、四年级的孩子而言是一种激发性暗示的表达，可能会使孩子放大恋父或者恋母情结，在性的启蒙中发生偏差和扭曲。同时，异性父母在这个阶段要避免触碰孩子的生殖器，这样做是为了让孩子在性别观念建立的最初时期就形成基本的性别观念、隐私观念和自我保护意

识，让他知道自己身体的这一部分是很私密的，不能随意让别人看见和触碰，更不能随意让异性看见和触碰。

最后，亲子之间的身体接触最好不要当着外人或发生在公共场合

孩子已经长大，对身体接触开始有了私密的要求。父母也要让孩子形成一种观念：在外面和在家里是不一样的，在公共场合要庄重一些。当然这并不是说父母在外面就不能去拥抱和亲吻自己的孩子，只是不要把在家里的亲昵行为随意带到大庭广众之下。

4. 孩子，我们一起读书吧

爸爸妈妈一定不要在孩子进入小学三年级后就迫不及待地要求孩子独立阅读而放弃亲子共读。很多父母会觉得孩子已经识字了，理解力也增强了，完全可以自己看书，没有必要再由父母一个字一个字地念给孩子听，但其实这个时候孩子仍然非常需要爸爸妈妈的陪伴阅读，需要父母将书中的内容逐字读给他们听。原因是三、四年级孩子的绘本、漫画书的阅读量减少，文字书籍的阅读量加大，阅读的难度加深，图书的趣味性有所下降，同时需要孩子掌握一定的阅读方法。但此时他们自主阅读的能力却远不能帮助他们实现独立阅读。这种情况下让孩子完全自己阅读，可能会打击孩子阅读的积极性，无法养成良好的阅读习惯。当然，这个阶段的亲子阅读和之前的阅读有所不同，需要做到以下几点。

第一，父母要发挥推荐、引导的作用

孩子在幼儿园及小学低年级阶段阅读主要是为了识字，吸引孩子的主要是故事情节。但进入小学中年级阶段，父母要有意识地引导孩子进行深层次的阅读，比如学会欣赏文字之美，领会故事背后的意义，掌握一些常见的写作手法，等等。父母在读的过程中要重点在上述方面给孩子进行分析和总结，而不只是让孩子识字认词、描述情节。

第二，注重阅读中的亲子交流

亲子阅读不仅是念书给孩子听，而且要通过一起读书增加亲子之间的沟通和交流。交流的内容主要包括三个层面：就书中的某些内容进行交流，比如"这部分你觉得有意思吗？你怎么看书中主人公的做法？这个故事告诉你什么道理？"，让孩子深入思考，理解故事的内涵；把书中的内容跟实际生活结合起来进行沟通，比如"如果你是主人公，你会跟他一样吗，还是你会有更好的解决办法？"，启发孩子将书中所学运用到现实生活中；亲子阅读和学校阅读相结合进行交流，比如"这种描写方法是不是在你学过的课文里出现过？这个故事的描写顺序是你们老师讲的'总—分—总'吗？"，让阅读更好地促进孩子的学习。

第三，选择合适的亲子阅读策略

三、四年级孩子在亲子阅读时有两件重要的事情，即聊书和做读书笔记。聊书就是在孩子阅读后与他一同讨论，讨论的问题要有一定的层次和深度，比如"你欣赏书中人物的做法吗，为什么？你从这本书中学到了什么？"。做读书笔记是一个非常好的阅读习惯，父母要引导孩子学会做读书笔记，养成看书的时候用笔的习惯，把书中的好词好句以及其他精彩部分及时勾画出来，后期整理在摘抄本上，还要鼓励孩子写读后感，也可以跟孩子谈谈自己读后的感受。

第四，在书籍的选择上给孩子一些指导，给孩子一定的自主权

三、四年级的孩子对书籍产生了明显的偏好，不是所有的书都喜欢看，可能只对某一类书籍特别感兴趣，比如搞笑幽默类、侦探冒险类、科普科幻类等等。很多父母会干涉孩子对书籍的选择，只让孩子看对学习有帮助的书。

这个阶段父母选书需要征求孩子的意见，当然也要跟孩子解释自己选择这些书的理由，不能简单粗暴地规定孩子只能看什么，否则会严重打击孩子阅读的积极性。

第 3 章
创建良好的家庭环境

1. 一个完全属于孩子的"地盘"

强强上了小学三年级后就自己一个人睡一个房间,但是爸爸妈妈担心强强夜里迷迷糊糊起床上厕所会撞到门,加之强强的房间比较小,长时间关着门会导致室内的空气不流通,因此爸爸妈妈一般都是让强强开着门睡觉。可是最近强强却要求晚上必须关着门,自己还专门写了一个"如需进入请敲门"的便条贴在门上。有时候强强也不给爸爸妈妈看他写的作业,偶尔还会关上房门,在自己的房间做事情。强强的突然改变让父母觉得有点不可思议。

随着年龄的增长和自我意识的增强,儿童的独立意识和"保密"需求越来越强烈,他们对成人"侵犯"他们隐私权的行为感到非常无奈和反感,常常产生强烈的逆反心理和愤怒情绪。那父母怎么做才能让孩子感受到自己的隐私被尊重了呢?具体可以参考下面几点。

第一,如果有条件,最好给孩子一个独立的房间

让孩子安排、布置自己的房间。如果条件有限,可以从房间里开辟一块区域,作为孩子的"专属空间",让他摆放属于自己的东西。在这个空间里,孩子可以学习，也可以做自己喜欢的事情，而父母需要做的就是不去打扰、破坏他的世界，这样他的天性就能在自由的环境中得到充分发挥。而且，当孩子有了属于自己的空间后，他就需要对此空间负责，要经常整理，这无形中又培养了孩子的自主性、能动性和自理能力。

第二，不要随意动孩子的东西

有些父母会帮孩子整理书籍、玩具等物品，有时也会无意识地替孩子做主扔掉一些东西。父母觉得这个已经很旧了，那个已经没用了，但这些东西的价值在孩子眼里是完全不同的，所以如果想清理孩子的一些旧物，一定要与孩子商量，征得他的同意，否则可能引发孩子的负面情绪。另外，如果孩子跟父母明确表示某个东西不想给父母看，那父母也要尊重孩子的想法。如果父母觉得一些事物确实有必要了解，也必须跟孩子解释和商量，不要偷偷翻看孩子的东西。

第三，保守孩子的秘密

随着年龄的增长，孩子的自我意识会逐渐增强，他慢慢会有自己的小秘密，但是孩子又不知道如何保守秘密，所以会告诉他最信任的妈妈或者爸爸。那父母要如何看待孩子的秘密呢？是觉得孩子的秘密根本算不上秘密，随意跟人提起，还是认真地替孩子保守秘密呢？如果父母把孩子的秘密不当回事，甚至当成笑话，就会失去孩子的信任，孩子会觉得自己被"出卖"和"孤立"，进而安全感降低。因此父母应当遵守承诺，保护孩子的自尊心，并且感谢孩子的信任。

2. 营造良好的邻里关系

邻里关系是一种以地域关系为基础的人际关系。在传统社会中，邻里是家庭的自然延伸，在一定意义上，邻里构成了一个大家庭。邻里作为家庭的延伸和拓展，分担了家庭的部分功能，比如情感依赖、安全保护、儿童教育等。但现在随着人们居住条件的改善和生活方式的变化，邻里间的直接交往逐渐减少，对孩子来说，除了家人，几乎所有邻居都是陌生人。在这种情况下，孩子与邻居的交往关系也发生了变化，这会对孩子的成长产生很大的影响。所以父母应积极地营造良好的邻里关系，具体可以从以下几个方面着手。

第一，要积极主动地与邻居交往，增进彼此的了解和信任

包括主动跟邻居打招呼，了解邻居有什么困难，力所能及地给予帮助；主动邀请邻居到自己家里做客，特别是对有同龄孩子的邻居，可以主动发出邀请；可以与邻居共同组织一些活动，比如假期出游、周末聚会、庆祝节日等。这样增进了解之后，父母自然就比较放心让孩子多跟邻居交往。

第二，不要过于客气，但也要尊重邻居的生活习惯

有些父母不愿意让孩子去邻居家，主要是担心打扰邻居的生活，比如影响邻居休息、弄脏邻居家等。其实邻里之间，在有了一定的信任和了解的基础上，可以随意些，不用过于客气。当然还需要教导自己的孩子了解基本的做客礼仪，让孩子知道在别人家里应该怎么做。

第三，邻里交往也需要一定的选择性

不是所有的邻居都要主动交往，如果两个家庭之间存在较大的价值观差异，父母很难谈到一起，或两家孩子性格差异很大，在一起玩得很不开心，也就不要频繁来往。为孩子选择投缘的邻居和小伙伴，才会更有利于孩子的成长。

拓展阅读

邻里关系对孩子成长及社区生活品质的影响[1]

孩子成长过程中所处的社区及其社区中的邻里关系对他们的生活产生重要的影响，这种影响表现在孩子的心理上、社会行为上和学习能力上。……

健康、友好的邻里关系可以给孩子提供安全感、稳定感和亲密感，这有助于促进孩子的社会认知，同时也能培养孩子分担社会责任的意识。相反，糟糕的邻里关系会让孩子产生孤独感和社会排斥，而贫穷、困苦、冲突和暴力会降低生活质量并对孩子的成长产生阻碍作用。

……

邻里关系影响家庭生活，并通过家庭生活影响孩子的成长。邻里关系是我们所说的"社会资本"的一部分，涉及诸如社会信任、社会参与、社会互动和社区资源等社会品质。拥挤的住房、低劣的房屋质量、嘈杂、贫穷、交通不畅、邻里冲突、种族歧视和社会排斥等都会给孩子带来压力，这对孩子成长与发展都是不利的。相反的是，协作性的、支持性的、和平的、安全与相互信任的邻里关系能保护孩子免受各种困扰，并给他们的健康成长与发展提供诸多的机会。

因此，可以说邻里关系对孩子、特别是年幼孩子的影响是很重要的，邻里关系主要是通过父母的态度和行为来影响孩子，父母是邻里关系的"导管"或"过滤器"。父母认知或处理他们所面临境遇的方式，直接影响到孩子如何应对他们自己所面对的社会与经济难题，也直接影响到孩子如何从良好的社会资本中受益。父母的经济状况、个人境遇与他们的态度、行为结合起来对孩子产生影响。反过来，邻里关系也对父母培养孩子的方式产生影响，这种影响可以涉及父母如何管教孩子、如何照看孩子以及如何保护孩子，同时也

---

[1] 马格特·派瑞欧. 邻里关系对孩子成长及社区生活品质的影响[J]. 崔效辉，译. 社会工作理论探索，2008（7）:4—6.

影响父母自身的精神健康。社区中良好的邻里关系能够给孩子提供较多的参与家庭或社区中激励行为的机会，这种机会对孩子智力水平的提升和社会能力的培养都是有促进作用的。

邻里关系对孩子的影响也与年龄有关，比如，年幼的孩子更多的依赖父母来处理他们面临问题，因此邻里关系对年长的孩子的影响就要大一些，尤其是孩子的游戏伙伴、就读的学校或当地的青年亚文化对孩子有着重大的影响。

3. 爸爸，请多陪陪孩子

现代社会中"父亲缺席""父爱缺失"似乎已经成为一种普遍现象。某研究对上海市中心城区某小学1—5年级的382位父亲进行的调查数据表明：父亲供养者角色明显，父亲参与结构性缺失；父亲参与柔性不足的现象较多存在于父子关系中；父亲对孩子学校教育的关注不够，缺席现象较严重。[1] 通俗一点说，就是很多父亲在家庭教育中的投入不够，他们的主要角色是赚钱养家，而把照顾孩子、教育孩子自动归为母亲的职责。但其实父亲是非常重要的教育角色，在孩子成长过程中父亲的缺席会给孩子带来很多不利影响。

曾有研究对比了"父亲缺失"和"父亲存在"的家庭，结果发现：学龄前男孩，"父亲缺失"家庭的孩子表现出更少的性别角色行为；"父亲存在"家庭的儿童比"父亲缺失"的儿童表现出更少的反社会症状；"父亲缺失"的儿童在现实生活中人际交往能力有欠缺；"父亲缺失"对儿童认知发展和学业成绩产生有害的影响。因此，社会开始呼吁父亲回归家庭教育，希望出现更多的

---

[1] 郁琴芳. 小学生父亲参与家庭教育的现状调查[J]. 上海教育科研，2016(1)：53-56.

"奶爸"。父亲在参与孩子的教育、陪伴孩子的过程中需要注意以下几点。

首先，要处理好跟孩子的关系

三、四年级的孩子对父亲的印象会与之前不一样。之前孩子更容易认可妈妈、依赖妈妈。但是到了三年级以后，孩子开始重新审视爸爸。他会觉得爸爸有着更吸引自己的地方，因此这个时期是最容易培养父子感情的阶段。但这时父子之间也容易形成对抗关系，这种情况的发生主要有两个原因：一是父亲过于简单粗暴地、强制性地要求孩子，这样就会引发父子之间的对抗；二是三、四年级的孩子正处于叛逆期，在同性的父亲面前，男孩的这种叛逆会显得更为突出。

其次，要有意识地参与家庭教育

一些父亲受传统的性别角色观念的影响，觉得教育孩子是母亲的责任，不需要自己参与。有一些父亲无法陪伴孩子是因为工作太忙，还有些父亲是因为经常玩手机、玩游戏。父亲需要转变意识，积极参与到家庭教育中。因为陪伴孩子长大的机会是有限的，父亲要尽量合理协调工作和生活，尽量在孩子面前放下手机，不做"低头爸爸""隐形爸爸"。父亲的陪伴，对于孩子的健康成长至关重要。

最后，高质量地陪伴孩子

父亲的陪伴对孩子的成长有重要意义，但是父亲在陪伴孩子的时候也会出现很多问题，导致陪伴质量不高。因此为了更好地陪伴孩子，父亲需要注意以下几点。

第一，和孩子相处时一定要耐心

相比于母亲，父亲在陪伴孩子的时候容易失去耐心。他们有时会觉得孩子的事情很琐碎，对于孩子的一些探索活动没有耐心去一点点引导。很多父亲因为失去耐心，在教育孩子的时候容易采取简单粗暴的方式。

第二，和孩子相处时一定要专心

很多父亲在陪伴孩子的时候容易三心二意，甚至敷衍孩子的各种请求。所以对于忙碌的父亲来说，一旦有时间陪伴孩子，就一定要认真投入，专心跟孩子待在一起，努力提高陪伴质量。

第三，要有别于母亲的陪伴

相比于母亲的陪伴，父亲的陪伴可以更加特别，父亲可以做一些不同于母亲带孩子做的事情，比如可以扩大亲子活动范围，带孩子体验更多的探索和冒险活动，使孩子收获更多的新奇和刺激。这样孩子就会更喜欢父亲的陪伴，也会得到更多的成长。

拓 展 阅 读

父亲缺失对儿童心理发展的影响[1]

首先，父亲缺失影响儿童性别角色发展。社会学习理论强调儿童性别角色的获得是通过同性别父母的榜样强化而形成的。父亲为男孩提供了一种男性的基本行为模式，使得男孩子往往把父亲看作自己未来发展的模型而去模仿父亲。可以说父亲的很多行为品质和习惯都会在儿子的身上体现出来。而对于女孩，父亲身上的男性品质使她在今后的生活中有了参照，青春期的女孩往往把父亲看作异性伴侣，甚至是未来丈夫的模式。从女孩的情感发展来看，她们对父亲的依赖性和爱戴心理往往更强，会从父爱中获得安全感和特有的保护性心理。

其次，父亲缺失影响儿童道德发展。传统社会学习理论强调父亲作为儿子的道德传输者的重要性。美国心理学家霍夫曼研究发现，父亲缺失家庭的男孩比父亲存在家庭的男孩在内部道德判断、愧疚、接受批评、道德价值和

---

[1] 杨丽珠，董光恒. 父亲缺失对儿童心理发展的影响[J]. 心理科学进展，2005（3）：260-266.

规则一致性上得分要低。

最后，父亲缺失还会导致儿童学业成绩的下降、人际交往能力的欠缺及其他各种综合性问题。

第 4 章
保持良性的家校沟通

1. 班级活动，与孩子共同参与

希希的班级经常举办"家长大讲堂"活动，就是由家长自愿报名，根据自己的专长为孩子们讲课，拓展孩子的视野。希希同桌的妈妈上周给孩子们上了一节生动的烹饪课，教同学们制作好吃的紫菜包饭，希希羡慕极了。希希的爸爸在电力研究所上班，希希特别希望爸爸也能参加"家长大课堂"，给同学们讲讲电路的小知识，爸爸答应了他的请求。

希希爸爸精心地准备了电池、灯泡、电线等材料，教孩子们制作电路。他发现给小学生上课非常不容易，进而对老师的工作有了新的认识；他还通过这次讲课知道了班里谁是希希总提起的"搞笑王"，谁是"小学霸"，觉得通过这次讲课才真正了解了一些孩子的小学生活。但最让希希爸爸想不到的是，讲课结束一段时间后，希希的班主任反映希希最近进步特别大，更加开朗自信了，爸爸来讲课让希希感到特别自豪。而且希希爸爸感觉希希最近跟自己的关系更加亲密，特别喜欢跟自己聊天。有了这样的经验后，希希爸爸就更加积极地参加班级的活动了，他觉得这样不仅能够帮到老师，获益更多的是自己和儿子。

很多父母对孩子的班级活动参与度不太高。有的父母因为工作繁忙，无暇参与；有的父母觉得班级活动是老师的事情，不需要参与；还有的父母觉得自己能力有限、资源有限，没有能为班级活动做贡献的地方。其实这些都是父母的认知误区。从上文希希爸爸的案例就可以发现，父母积极参与到孩子的班级活动或学校活动中，父母和孩子的收获远比想象的要大：可以更了解孩子并体会孩子在学校的生活，提升孩子的自豪感，增强孩子的自信，改进亲子关系，等等。

首先，积极参加孩子的班级活动，可以帮助父母更好地了解孩子

父母通过班级活动，可以在群体的大环境中看到自己孩子和其他孩子的差异，从而更全面、理智地看待自己的孩子。

其次，积极参加孩子的班级活动，可以增强孩子的自信心

父母也是孩子自我评价的一部分，当孩子看到父母为同学们带来了精彩的活动，深受同学们的喜爱时，孩子会觉得自己也得到了同学们的认可和喜爱，在同学面前可以变得更加"有面子"。确实有很多父母反映，在自己参加了学校活动之后，平时内向胆小、不怎么说话的孩子会有所改变。

最后，参加孩子的班级活动，也体现了对老师的尊重

参与孩子班级的活动，如运动会、联欢会、班级主题活动等，提供力所能及的帮助，说明父母非常支持孩子的班级建设，也非常理解老师工作的辛苦，可以通过这样的方式表达对老师的感谢和支持。同时，这种情感也会传递给孩子，让孩子知道热爱自己的班集体，尊重和感谢自己的老师。

2. 沟通的不仅仅是问题

如何做好家校沟通，是很多家长需要学习的内容。在家校沟通中，无论是老师还是家长，很多时候相互提及的是孩子的不足，比如老师向家长反馈孩子在学校的不良表现，家长向老师了解孩子表现出的问题。这样的做法看似可以提高沟通效率，更高效地解决问题或者预防问题的出现，让孩子变得更加优秀，但是这种"问题沟通"的模式存在一些消极影响。

首先，这种模式会影响家长和老师对沟通的预期。一些家长觉得老师找自己谈话肯定没好事，一些老师也觉得家长主动找自己肯定是哪里出了问题。由于家长和老师沟通的预期都是孩子出现了问题，因此双方都会尽量避免沟通，除非问题发展到了不得不解决的程度。

其次，这种沟通不利于全面了解孩子。老师和家长都会不自觉地用问题式的眼光看待孩子，自然而然会减少对孩子优点和进步的关注，从而形成片面性的评价。

最后，这种模式会影响孩子树立自信。老师和家长都是孩子的"重要他人"，他们的评价对孩子的自我意识和自我评价具有非常重要的影响，无论是老师还是家长，如果聊到孩子的时候全是这样或者那样的问题，就会让孩子觉得自己一无是处，变得自卑。

因此，家长要有发现美的眼睛和善于表达欣赏的嘴巴，善于发现孩子的优点和进步，也可以把这些优点和进步分享给孩子的老师，加深老师对孩子的了解。在与老师正面沟通的时候，要注意下面几个问题。

第一，认同老师的教育理念

老师具备专业的教学能力，家长了解并认可老师的教学方法，和老师保持基本一致的教育理念，这样才能更有针对性地引导和教育孩子。

第二，正面沟通不意味着要忽略孩子的不足

金无足赤，人无完人。家长要全面了解自己的孩子，对于老师指出的孩子表现出的一些问题，家长要重视，要理性对待这些问题，要配合老师一起引导孩子改正，保持有效的家校沟通。

第三，和老师沟通前先和孩子沟通

家长在与老师沟通之前可以先和孩子进行沟通，了解相关情况，这样可以有的放矢地和老师就某个方面进行交流。如孩子最近养成了边读书边记笔记的好习惯，会把一些精彩的句子摘抄积累下来，家长通过跟孩子的沟通了解到，语文老师最近要求孩子在学校的阅读课上不仅要认真读书，还要认真做好读书笔记。家长提前了解情况，可以把孩子在家里保持的好习惯分享给老师，让老师看到孩子的进步，同时也能让老师感受到家长对自己教学工作的认可。

3. 跟孩子一起说："老师，谢谢您！"

2018年6月，一段某校一学生在课堂上辱骂老师的视频引发社会关注。据当地教育部门调查，该生因不服老师管教，跷着二郎腿辱骂任课老师，后来该生向老师道歉。

案例中孩子对老师的不尊重和侮辱现象值得我们反思。尊师重教是中华民族的传统美德，是培养小学生健全人格的基本要求。学生的成长离不开老师的辛勤付出与引导，但上面案例中学生对待老师的态度不仅伤害了老师的情感，而且如果他的不当行为没有得到及时纠正，既不利于他自己的健康发展，还会对周围同学产生负面影响。

感恩不仅是对老师的尊重和认可，对孩子自身的成长也非常有意义。现

代心理学认为感恩是一种具有社会道德意义的积极人格特质，作为一种积极的人格特质，感恩与提升心理健康、增强幸福感以及缓解抑郁等都存在积极密切的关系。因此，父母要引导孩子对老师要有感恩的心，具体可以尝试以下几点做法。

首先，营造良好的家庭氛围

有研究表明，孩子的感恩意识与家庭氛围（亲密性、冲突性）的关系比较密切。[①]具体来说，要营造一个经常表达感恩的家庭环境，夫妻之间、父母与孩子之间、家庭成员与其他朋友之间，一旦得到帮助和支持，就要及时表达自己的感恩之情。父母感恩老师，关爱、感激他人，孩子自然会在潜移默化中受到影响。

其次，不在孩子面前说老师的不好，要引导孩子感谢老师

一些父母有时候会对老师的个别做法不满意，并且在孩子面前直接表达对老师的意见和指责，这样会影响孩子对老师的态度。特别是三、四年级的孩子，他们的思维方式不像成人那样辩证，对他们来说只有好和不好，如果父母经常在孩子面前提起老师的不好，他们就不容易看到老师的好。另外，父母也要有意识地让孩子看到老师的付出。比如冬天的早晨送孩子上学，看到老师在门口迎接学生，可以跟孩子说："这么冷的天，你们老师很早就在门口欢迎你们，多么辛苦啊！"一些孩子的感恩意识薄弱不是因为他们不会感恩，而是没有意识到需要感恩的地方。

最后，父母也要对老师怀有感恩之心

父母真诚地感谢老师，孩子一定会受到影响，慢慢也会对老师产生感激之情。因此，父母可在合适的时机和场合向孩子的授课老师表达谢意，引导孩子认可老师的职业价值，看到老师的辛苦付出。

[①] 孙君洁，沈婷婷，叶慧杰. 小学生感恩意识与家庭氛围的关系研究[J]. 开封教育学院学报，2017（3）：194-195.

帮助孩子走向社会

▶ 第1章　走向社会需先了解社会

▶ 第2章　孩子社会能力的发展

▶ 第3章　孩子的社会体验

▶ 第4章　孩子社会交往的几个方面

第1章
走向社会需先了解社会

人从刚生下来，就已置身于社会环境之中。适应社会要求，成为合格的社会成员，这是一个持续终生的过程。对于三、四年级的孩子来说，其社会化的进程较之前的婴幼儿阶段，已经发生了质的改变，他们正处于完成基本社会化要求的重要时期。这个时期，父母要引导孩子充分地了解社会，学会掌控自己的行为，遵守各种社会规范，树立正确的道德和价值判断标准，为将来步入社会打下坚实的基础。

1. 充分利用假期，积极投身社会实践

这个寒假，聪聪的爸爸带聪聪回老家。聪聪的老家位于河南省开封市的一个小乡村。为了让聪聪过一个非常有意义的假期，聪聪的爸爸设计了几个重要的活动：听96岁的老奶奶讲述过去的事情，特别是当年逃荒的经历；带着聪聪去参观自己当年上学的小学校，讲述自己上学时读书的艰苦；带聪聪参加一场乡村婚礼，讲述当地婚礼习俗；带聪聪参观村庄，一边参观一边讲述老家二十多年的变化；最后让聪聪写一篇《回乡见闻》来分享自己的感受。聪聪对这些都非常感兴趣，觉得这个假期过得与众不同，非常

喜欢。

设寒暑假是我国学校教育的传统，从字面意义来看是为了驱暑避寒，保护孩子的健康。但从教育理念层面而言，寒暑假最重要的价值在于给孩子一种不同于日常学习的生活，为孩子参加各种社会实践、充分了解社会创造机会。

父母应该鼓励孩子利用假期尽可能多地接触社会、了解社会，积极参加各种社会实践活动。社会实践活动种类繁多，形式多样，但对于三、四年级的孩子来说，社会实践活动的重点应该放在生存实践和综合实践两个方面。

生存实践主要是培养孩子的独立生存能力。现代社会父母对孩子百般呵护，有时过度关注学业，导致孩子缺乏基本的生活体验和社会体验，独立生活能力较差。

综合实践主要培养孩子完成比较复杂的任务、解决新出现问题所需要的实践能力。训练孩子完成一些比较复杂的任务，能够创造性地解决问题，可以提出自己的新设想、新构思，对一些社会、经济、环境等领域的问题有一些与众不同的思考，这是培养这个阶段孩子社会实践能力的主要方面。

父母可以借鉴以下具体的社会实践形式培养孩子的生存实践能力和综合实践能力。

形式一：选择孩子感兴趣的话题，做一个社会小调查

社会调查是指应用科学方法对特定的社会现象进行实地考察，了解其发生的各种原因和相关联系，从而提出解决对策的活动。社会调查应该围绕调查对象，明确调查目的，选择科学的调查方法，总结出调查结果，并针对调查结果提出一些解决问题的方法。三、四年级孩子的社会调查在内容选择方面一定要优先考虑孩子感兴趣、有一定社会价值又易于实施的项目，比如小学生零花钱的使用、观看电视的时间、使用电子产品的频率等，都可以作为

孩子社会调查的项目。

形式二：回老家感受人民生活状况的变化

如今很多人远离家乡，工作生活的地方和小时候长大的地方不一样，而由于工作繁忙，很少有时间回到故乡。因此，自己的孩子对故乡的了解少之又少。父母可以利用假期带孩子回到自己小时候生活的地方，让孩子感受一些不同于现居住地的生活，了解一方乡土的特色风情，或了解几十年间家乡的变迁。就像前面聪聪爸爸那样，充分利用假期让孩子了解家乡，感受家乡的巨大变化，进而对社会有更深刻的了解，这包含了人文、历史、人格的教育。

形式三：参加一些社区活动

可以让孩子参加社区组织的一些社区管理、邻里互助、环境保护、献爱心、志愿服务、文化建设等活动。比如：做义工，参与敬老爱老活动；参加植绿护绿、清洁街道、拾捡垃圾等活动；参与社区宣传活动，协助出墙报、发放宣传单；等等。社区活动具有地理位置便利的优点，而且活动的系统性、组织性强。

形式四：给孩子布置家务劳动、体育锻炼等方面的家庭作业

假期作业不应仅是学业方面的，还应包含生活能力和身体素质的锻炼。因此，父母在假期可以让孩子学做几道简单的饭菜，收拾整理房间，学习一些新的生活技能，定期进行体育锻炼，等等。

2. 遵守公共场所秩序，不当"熊孩子"

近些年，乘坐飞机、高铁等公共交通工具遇到"熊孩子"已不是小概率

事件，尤其在节假日的铁路客运高峰时段，常常会遇到同车厢的孩子哭闹不停、大喊大叫的现象，给周围乘客带来很大困扰。一则关于"火车上应不应该设置儿童车厢"的话题曾引发网友热议。

关于设置"儿童车厢"，你有什么看法？其实，提议设置"儿童车厢"背后体现的不是一种解决方法，更多的是人们对于提升儿童规则意识和公德意识的诉求，表达的是在公共场所不被打扰的期待。如果父母带孩子出行的时候都能自觉遵守规则，管好同行的孩子，避免孩子做出大声喧哗等不遵守社会公德和公共秩序的行为，有些问题自然能迎刃而解。所以，遵守公共秩序，不让自己的孩子成为公众眼里的"熊孩子"，是很多父母需要完成的重要教育责任。

公共秩序是维护社会公共生活所必需的社会秩序，主要包括社会管理秩序、生产秩序、工作秩序、公共交通秩序和公共场所秩序等。对三、四年级的孩子来说，需要重点培养的是公共交通秩序和公共场所秩序。公共交通秩序包括遵守交通规则、遵守乘车秩序等，公共场所秩序包括排队秩序、就餐秩序、观影秩序等。

在引导孩子遵守公共秩序的时候，应从以下三个方面努力。

首先，父母要在发生公共行为之前就非常清楚地告诉孩子应该遵守的公共秩序有哪些。以排队举例，在排队之前父母就要告诉孩子，要按照先来后到的顺序排队，而且在等候的时候，要保持耐心与安静，不要随便跑开，也不能在队伍里大吵大闹，插队更是一种不文明的行为。父母要以身作则，不违反这些规则。一旦孩子出现不遵守公共秩序的行为，父母一定要及时、果断地制止。

其次，当孩子不遵守公共秩序时，父母不应有"他还是个孩子，他还小"这种为儿童不遵守秩序的行为开脱的心理。"等你有孩子你就知道了""孩子还小不懂事""你一个大人跟小孩儿计较什么"，这是一些"熊家长"常说的话，他们觉得儿童不遵守公共秩序是小事，不值得讲大道理。公共秩序是为维护社会公共生活所必需的秩序，所以父母要在孩子进入社会之前就将这些社会上应该遵守的秩序教给他。

最后，父母要掌握一些有效策略以应对孩子不遵守公共秩序的行为。对于三、四年级的孩子来说，良好的沟通和日积月累的行为塑造十分关键。当孩子做了一些不遵守公共秩序的事情时，父母一定要注意以下三点。

第一，一定要冷静

有些父母在看到孩子不守秩序的行为时，第一反应就是愤怒地指责孩子，正确的做法是先尽量保持冷静，指出孩子不遵守社会秩序的具体行为。

第二，跟孩子讲清楚这样做的后果

父母应带着平静的心情和孩子好好谈谈，告诉孩子为什么不可以这么做，这么做给别人带来的伤害是什么，让孩子能够比较深刻地认识到这样做的后果。

第三，跟孩子讨论可以采取哪些补救措施

与孩子商量补救措施，如把弄脏的地面收拾干净、向被打扰的邻座说声"对不起"，通过这种具体的行为让孩子为自己的错误负责。父母如果忽视了这些更为有效的做法，直接指责、惩罚孩子，很有可能会导致孩子产生更加强烈的敌对和反抗行为。

3. 知法守法，远离青少年犯罪

最近，浩浩的班里流行这样一种"游戏"：男生故意进女厕所，或者故意拉女生进男厕所，甚至还有些男生故意脱别的男生的裤子。同学们觉得这样

很好玩。一次浩浩就差点把一个叫瑶瑶的女孩拉进男厕所，回到家后浩浩还把这件事情当成趣事跟父母说了一遍。尽管浩浩的父母觉得孩子这样做不对，对浩浩进行了一番品德教育，但心里更多地觉得这种行为仅仅出于孩子的好奇和好玩的心理，没什么大不了的。

你同意浩浩父母的想法吗？你有想过浩浩的行为其实已经走近违法的边缘了吗？你知道浩浩已经"侵犯了别人的人身权、隐私权"，是需要"负法律责任"的吗？跟三、四年级的孩子谈法，很多父母会觉得为时过早。确实，对于8—10岁的孩子而言，基本没有犯罪的动机和倾向，甚至不具备犯罪的能力。但是很多未成年人犯罪都是从儿童时期的不良行为一点点演变而来。最初他们因为法律知识匮乏和法律意识淡薄而做出一些不良行为，这些不良行为如果没有得到纠正，就可能慢慢演变成违法犯罪行为。

因此培养三、四年级孩子的法律意识，使他们从小养成良好的品行和法治观念，树立预防犯罪的意识，是非常有必要的一件事。

首先，父母要教给孩子一些法律知识

父母可结合日常生活，教给孩子一些法律知识，如《中华人民共和国宪法》《中华人民共和国道路交通安全法》《中华人民共和国治安管理处罚条例》《中华人民共和国义务教育法》《中华人民共和国刑法》等法律法规中的相关规定。

其次，父母要给孩子树立遵纪守法的榜样

父母教育孩子要遵纪守法，自己首先要践行法律法规，做到言传身教，不能一边给孩子讲交通安全相关法规，一边自己开车超速或闯红灯。如果父母法律意识淡薄，经常做一些损坏公共财物、不遵守交通规则等违法乱纪行为，又如何能教育孩子遵纪守法呢？有些父母认为的所谓"无伤大雅"的小事，却可能在孩子心中种下无视法纪的种子。

最后，要防微杜渐，及时遏制孩子的不良行为苗头

三、四年级的孩子会出现叛逆心理，辨别是非的能力尚弱，容易受不良因素的影响，进而做出一些不良行为。比如在青少年犯罪中最典型的盗窃，很多都是从儿童时期的小偷小摸开始的。有些父母可能觉得孩子未经允许拿点别人的东西不是什么大事，没有采取措施及时让孩子意识到错误，孩子就不会意识到这一问题的严重性，尝到"不劳而获"的甜头之后，偷窃行为就会变得日益频繁。因此，父母一定要密切注意孩子日常生活的点滴细节，一旦孩子的思想和行为出现不良的苗头，就要及时教导、纠正。

晓东上三年级了，妈妈发现最近晓东越来越喜欢钱了，每次去超市他都嚷嚷着买这买那，平时经常用各种理由跟自己要钱。无论给他多少钱，晓东总能很快花干净，基本都是花在买零食和玩具上。他的压岁钱也不许爸爸妈妈动一分。仔细想想，晓东的妈妈意识到自己在孩子的金钱教育方面有所疏忽。一直以来，妈妈都给晓东零花钱，让他自己去超市买东西，对他花钱缺乏监管，导致晓东形成了爱吃零食的习惯。但更严重的是，晓东体验到有了钱，就可以买自己想吃的东西和想玩的玩具，这让晓东对金钱有了强烈的欲望。晓东不只经常向妈妈要钱，还向爷爷奶奶以及其他亲戚要钱。有一次，妈妈发现晓东居然偷拿了自己的100元钱买东西，这让她感到问题有点严重了。

晓东的父母没有防微杜渐的意识，如果继续这样下去，晓东将来有可能会走上违法犯罪的道路。因此父母最初给孩子零花钱的时候就要建立零花钱的使用规则，包括数额、用途等。如果孩子违背了使用规则，就一定要有惩罚措施，让孩子认识到自己的错误。对于偷大人钱、向别人要钱这样的行为要明确禁止。

4. 了解社会，从关注社会热点开始

在一次家长会上，一位孩子父亲的发言对大家触动很大。这位父亲要求自己的孩子每天除了学习、写作业，还要尽量坚持收看中央电视台的《新闻联播》。这位父亲说，自己每次也会陪着孩子一起看。没想到看了几次之后孩子非常喜欢，甚至超过了对动画片的喜爱。每次看新闻时，这位父亲会跟孩子一起讨论，有些地方给孩子做一些解释。慢慢地，这位父亲发现孩子思考问题越来越全面，对很多社会热点问题有了自己的看法，对重大的国家事件以及一些重要的方针政策都非常熟悉，父亲觉得这样做非常有意义。

现实情况是，很多父母会让孩子放学后做作业、读书等，让孩子天天看《新闻联播》的父母可能不多。案例中这位父亲的做法显得有些特别，看似有点"不务正业"，会浪费孩子宝贵的学习时间，可事实真是如此吗？三、四年级的孩子需要迈向社会，观看这类节目对培养孩子的社会能力非常有帮助。为了让孩子更好地了解社会，父母可以做如下尝试。

观看《新闻联播》《焦点访谈》等社会新闻类节目

不一定要像案例中的父亲那样要求孩子天天观看，但是在孩子时间允许的情况下，父母可以让孩子有选择地看一些电视新闻节目，比如中央电视台的《新闻联播》《焦点访谈》等。《新闻联播》里的时政报道、常规报道、国内简讯、国际简讯等板块可以很好地帮助孩子了解国内外每天发生的大事。

社会瞩目的热点事件，可以跟孩子一起讨论

2019 年初，北京某小学内发生的砍伤儿童事件，父母可以就此事跟孩子讨论若这样的事件发生在自己身边，应该如何保护自己、保护同学。再比如大家非常关注的中国载人航天工程，可以跟孩子一起看直播，查阅资料，给孩子科普一些航天知识。孩子不仅要了解书本上的学科知识，也要了解一些社会知识。

鼓励孩子参与一些政治性活动

随着政治现代化进程的加快,儿童的社会参与权利和政治参与权利日益被重视。2004年上海市人大常委会首次邀请未成年人参与《上海市未成年人保护条例(草案)》的讨论,未成年人提出的"父母应当尊重未成年人的人格,学习正确的教育方式""不得公布学生的考试成绩名次"等意见被采纳。[1] 因此,父母可以为三、四年级的孩子创设一些参与政治性活动的机会和渠道,可以在如下方面进行尝试。

第一,鼓励孩子参与所在学校的政治议事活动

比如鼓励孩子积极参加学校的少先队代表大会、红领巾议事团等,让孩子在有关组织和活动的自我教育、自我管理和自我服务中增强参与意识,发挥主观能动性。父母还可以鼓励孩子联合身边同学组建积极进步团体,为完善学校各种管理制度提出建议。

第二,参与政府和有关组织专为儿童设置的民主议事活动

比如北京市教委为了进一步鼓励全市中小学生关注首都社会发展、参与城市建设,于2009年设立"北京市中小学生科学建议奖",参考议题涉及与人们生产生活息息相关的实际问题。再比如自2003年开始,中华小记者活动指导委员会就开始选派小记者参加全国"两会",小记者参加"两会"的事件逐渐被媒体关注。父母可以多关注一些这方面的信息,如果有机会,要鼓励孩子积极参与。

第三,通过网络和媒体参与有关活动

网络具有直接性、开放性、快捷性、跨时空性、互动性和平等性,以及参与的低成本性和高效性等特点,因此相比于上面两种途径,这种途径更为便捷。儿童也可以在网络平台上交流思想、表达利益诉求,对政府部门及相

---

[1] 何玲. 儿童参与政治生活:发出自己的声音[J]. 中国校外教育,2018(5):9-13.

关领导进行舆论监督，等等。需要注意的是，父母对孩子使用网络的情况要进行监管，避免不良言行、沉迷网络等情况。

第 2 章
孩子社会能力的发展

1. 做讲文明懂礼貌的孩子

中国素来享有"礼仪之邦"的美称,但近些年来礼仪教育时有缺位,加上一些父母对孩子的溺爱,使得不少孩子的文明礼仪素养缺失,例如:遇见老师,不礼貌问候;去教室、图书馆穿着随便,不符合要求;就餐、等车时插队,不懂得尊老爱幼;等等。开展小学生礼仪教育的目的是让孩子能够更好地了解、继承和发扬优秀中华礼仪,促进孩子全面健康成长,同时让孩子增强对主流价值体系的认同感,弘扬社会主义核心价值观。

对三、四年级学生的礼仪教育培养工作,可以参考下面的方法。

方法一:利用家庭教育潜移默化的影响

父母的言行会对孩子产生潜移默化的影响。父母应该在实际生活中坚持以身作则,充分发挥示范作用。父母在日常生活中要注重礼仪,举止文明、遵守秩序,这样的示范是对孩子最有效的礼仪教育。

方法二：让孩子阅读传统的礼仪书籍

中国是礼仪之邦，保留了很多文明礼仪方面的书籍。父母可以让孩子经常阅读这些礼仪典籍，比如《颜氏家训》《诫子书》《朱子家训》《礼记》《周礼》等，让孩子接受中国传统礼仪文化的熏陶。

方法三：不以成人的礼仪要求孩子

孩子的礼仪教育要符合孩子的年龄特点和身心发展规律，不要以成人之间的礼仪规范要求孩子。如果让一个三、四年级的孩子像大人那样对客人迎来送往，就会抹杀孩子的天性。为此，父母需要选择一些适合这个年龄段孩子的礼仪内容作为重点对孩子进行引导，比如主动向客人和朋友打招呼，不说脏话，尊老爱幼，等等。

方法四：公共场合不以孩子为中心

在公共场合不要时刻让孩子成为众人注意的中心。父母不要过分迁就孩子，事事以孩子为中心，应当教会孩子如何尊重别人。因为若孩子过分地以自我为中心，自然就无暇顾及他人，也就谈不上遵守社交礼仪了。

拓展阅读

三年级孩子必须掌握的社交礼仪[1]

（1）仪容仪表的礼仪。

三年级的孩子能够做到讲究个人卫生，保持衣着整洁，同时注意细节部位的整洁，包括鼻腔、口腔、耳朵、指甲等。

（2）行为举止的礼仪。

主要涉及站姿、坐姿、行走、手势和面部表情。父母要让孩子站立时挺

---

[1] 徐先玲. 孩子必须掌握的社交礼仪[M]. 郑州：河南人民出版社，2010.

胸收腹、两肩平齐，与人谈话时距离不能太远或者太近，走路保持身体挺直、不左右摇摆，不用手指着人讲话，与人打招呼时面带微笑，等等。

（3）语言谈吐的礼仪。

主要是引导孩子说话时音量适中、语速适中、吐字清晰、语气谦和；学会使用"您好！""请""谢谢"等礼貌用语；交谈时认真专注，及时回应对方，不要自己喋喋不休；等等。

（4）餐饮礼仪。

包括让长者和女士先入座，口中有食物时避免讲话，小口进食，避免在餐桌上对着人咳嗽和打喷嚏，不要用自己的筷子随意搅动食物，学会使用公筷，吃进去的东西不能吐出来，不争抢食物，不随意走动和离席，等等。

（5）通信礼仪。

主要是告诉孩子接打电话时的一些礼仪，如选择适当的时间打电话，接电话时用语要文明、礼貌，语调要平和，音量要适中，应尽量等对方先结束谈话，通话完毕后应说"再见"，电话用语要简明扼要。

（6）交往礼仪。

主要包括：对父母、长辈不能直呼姓名，更不能以不礼貌的词语代称，要用准确的称呼，如爸爸、奶奶、叔叔等；对父母、长辈问候致意，要根据时间、场合、节日不同，采用不同的问候语；虚心听取老师的教诲，对老师说实话、真话，不欺骗老师；同学间要互相问候，如"早上好""你好"，可点头、招手，与同学说话应态度诚恳、谦虚，语调平和，听同学说话要专心，不轻易打断别人的话。同学间的交往应使用礼貌用语，不给同学取绰号或叫同学的绰号，不说使别人感到伤心或难堪的话。

（7）拜访和探视的礼仪。

选择适当时间，一般不要在别人吃饭和休息的时间去拜访。进门前要按门铃或轻轻叩门，待有回音或有人开门后方可进入。进屋后，对亲友家的其他成员要主动打招呼，不随意在别人房间特别是卧室走动。如果是探望病人，谈话态度要谦和温柔、亲切热情，不大声喧哗，以免打扰其他病人休息。

（8）公共场所中的礼仪。

在图书馆、阅览室等特殊的公共场所要保持安静，走路脚步要轻；旅游观光时要爱护公共财物，不在景点乱写、乱画、乱刻；观看电影时不大呼小叫、随意交谈，电影结束后有秩序离开。

（9）交通出行中的礼仪。

遵守交通规则，不闯红灯；等公交车时依次排队，上车后不抢占座位，给老人、孕妇和比自己小的孩子让座；坐火车时按车票上指定座位入座，不霸座，不在车厢追逐打闹，等等。

社交礼仪内容繁多，上述只是选择了适合三、四年级儿童的内容进行介绍，更详细全面的礼仪内容，父母可以通过查阅资料进行收集。

2. 重视孝道，布置"孝心作业"

黄香，东汉江夏安陆（今湖北云梦）人，九岁丧母，事父极孝。酷夏时为父亲扇凉枕席；寒冬时用身体为父亲温暖被褥。少年时即博通经典，文采飞扬，京师广泛流传"天下无双，江夏黄香"的说法。

孝道是中华民族的传统美德，是传统德育的理论之基，在中国传统道德规范中具有独特的地位和作用。但现代家庭中，一些孩子孝道缺失。例如，一些孩子对父母的付出不知感恩，觉得父母为自己做事是天经地义的，在父母面前有强烈的个人优越感,吃的、穿的、用的都要优于父母,但是对父母却没有责任意识,不愿意帮父母做家务,不知道体谅父母的辛苦。

造成这种现象的原因之一是有的父母过度关爱孩子。在现代的家庭生活中可以看到这样的现象:吃过饭后孩子直接去看电视或出去玩耍了,父母却在忙着收拾碗筷;家里有好吃的东西,父母总是先让孩子品尝,孩子却很少请父母先吃;孩子一旦生病,父母便忙前忙后百般关照,而父母身体不适时,孩子却很少问候。

因此,若想杜绝或彻底改变这种孝道缺失现象,父母首先要避免把孩子置于家庭最重要的位置,什么都为孩子考虑甚至代替孩子做。父母要转变思想,注重在平常的生活中培养孩子孝敬父母的思想意识和行为习惯。从日常小事抓起,在家里给孩子布置"孝心作业"。比如:要求孩子每天问候下班回家的父母;当父母劳累时,孩子主动帮助父母或让父母休息;当父母外出时,孩子提醒父母是否遗忘东西并注意安全;当父母身体不舒服时,孩子主动照顾,多说宽慰的话,替父母接待客人;等等。孩子应承担一些必要的家务劳动,如吃饭前摆碗筷等简单的任务。当孩子有孝顺、体贴父母的行为表现时,父母也要及时给予肯定和鼓励,或表达感谢,以鼓励孩子坚持类似行为。

另外,很重要的一点就是孝道是家庭传承的重要部分,父母如果以身作则,孝顺自己的长辈,孩子也会学习模仿,将孝道慢慢内化于心。

如何培养孩子的孝心?可以从以下几个方面开展。

第一,从小抓起,教孩子明理

让孩子拥有孝敬父母的美德,要从一点一滴的小事着手培养。如平时教育孩子要关心父母的健康,要适当做家务。孩子只有经过亲身实践才能体会到父母的辛苦,品尝到为别人付出的快乐。

第二，建立合理的、长幼有序的家庭关系

所谓"合理"，指全体家庭成员之间首先要平等相待，父母要尊重孩子的独立人格，尤其在处理孩子的事情时一定要充分听取他的意见。同时，孩子应当在父母的指导和帮助下生活学习。一定要让孩子明白自己与父母的关系，知道父母是长辈，是家庭生活的主事人，不能颠倒主次，任由孩子在家庭里逞强胡闹。

第三，制定孝心规则

国有国法，家有家规，父母可以与孩子共同制定"孝敬父母、尊重长辈"的行为规范。教育孩子要尊重父母、了解父母、亲近父母、关心父母、体贴父母、帮助父母。

3. 让孩子了解自己的权利

在孩子的成长过程中，父母给予了很大的关怀，但难免会有疏漏的地方。让孩子了解自己的权利，学会运用自己的权利来保护自己是家庭教育的重要部分。

有些父母没有把孩子看成有权利的独立个体，家庭教育存在侵权隐患。

家庭教育中漠视儿童权利的现象主要表现在三个方面：首先是父母失职、行为失当，结果侵害孩子的生存权和受保护权，比如忙于工作忽略了孩子、推脱或放弃抚养监护责任、过于看重学习而忽视孩子的健康、粗暴管教等。其次是以成人为本位，忽视孩子的发展权，比如把孩子的特点当缺点、不允许孩子失败等。最后是"亲子一体化"，剥夺孩子的参与权，比如主观臆断，不倾听孩子的声音，不给孩子选择的机会，过于唠叨，扼杀了孩子参与的动力，等等。

要避免出现这些漠视儿童权利的情况，父母需要做以下几件事情。

第一，仔细阅读《儿童权利公约》

充分了解孩子的权利。《儿童权利公约》于1989年11月20日在第四十四届联合国大会第二十五号决议通过，是第一部有关保障儿童权利且具有法律约束力的国际性约定，1990年9月2日在全世界生效。我国于1991年12月29日在第七届全国人民代表大会常务委员会第二十三次会议上批准了《儿童权利公约》。公约共54条，详细规定了儿童应该享有的权利。

第二，转变教育观念，尊重儿童的权利

不要全权做主安排孩子的事情。在全权安排的模式下，儿童权利是无从谈起的。现在很多父母决定孩子学什么、玩什么、看什么，甚至他们饿不饿、冷不冷都是父母决定的。父母觉得孩子穿得少、没吃饱，那就要加衣服、添饭，从而有了"有一种冷叫妈妈觉得你冷"的说法。因此父母必须放手，让孩子自己提出问题，解决问题。只有孩子邀请父母加入时，父母才能参与。

当然，很多父母已经意识到这个问题，他们也考虑到要尊重孩子的权利，但是这种转变还不彻底，有时候只是表面上尊重孩子。比如做决定之前，父母可能也会问孩子的想法，但是问完之后却不重视或者不参考孩子的意见，依然以自己的想法为主。

第三，通过多种途径让孩子知道自己享有哪些权利

帮助孩子建立保护自己的权利意识。儿童权利意识是儿童对自我利益和自由的认知，以及对他人主张、要求和维护权利的行为及观点的社会评价。作为一个权利主体，其主体权利意识的觉醒也是维护儿童权利、保护儿童的重要内部力量。在家庭和学校生活中，由于缺乏尊重儿童权利的意识，父母和老师侵犯儿童权利的事情时有发生，比如强迫孩子做某些事情。但很多孩子权利意识淡薄，当他们的权利受到侵犯时选择沉默，从而埋下了很多心理

问题的隐患。

拓展阅读

儿童权利

儿童权利主要指《儿童权利公约》中提到的四大类基本权利：生存权、发展权、受保护权和参与权。生存权包括生命权、健康权、医疗保障获得权等权利；发展权包括受教育权、个性发展权、休闲娱乐权等权利；受保护权包括心理保护、生理保护、隐私保护等权利；参与权包括表达和决策权等权利。

《儿童权利公约》阐述的各项基本权利包括：享有身份、姓名和国籍权；享有拥有家庭的权利；享有与家人团聚的权利；享有不被拐卖、贩卖和诱拐的权利；享有倾诉的权利；享有自由发表言论的权利；享有思想、信仰和宗教自由的权利；享有自由结社的权利；享有隐私权；享有资讯权；有权受到父母良好的照料；享有免受虐待与忽视的权利；享有选择保护其最大利益的照料权利；享有寻求庇护的权利；享有健康权；享有社会安全的权利；享有适当的生活标准的权利；享有受教育的权利；有权保持自己的文化和使用自己的语言；享有玩耍、休闲和娱乐的权利；享有适当的法律程序和少年司法公正；享有免做危险工作的权利；享有免遭毒品侵害的权利；享有免受性剥削的权利；享有免受酷刑及被剥夺自由的权利；享有远离武装冲突的权利；享有享受康复照料的权利。

4. 网络冲浪需谨慎

静静的妈妈经常在电商网站上购物,有时候给静静在网上购买玩具、零食或者书籍。慢慢地,静静也对网购有了很多了解,特别是到了三年级后,已经学会了在妈妈的手机上为自己挑选想要的礼物、想买的衣服等,也知道妈妈网上账号的支付密码,对网购的流程非常熟悉。有一次她居然自己在网上购买了3 000多元的东西。静静由于年龄还小,虽然熟悉网购流程,但是挑选的东西很多是不合适的,也是不应该买的。最后静静的妈妈不得不一一跟店家申请退货、退款,造成很多不必要的麻烦。

三、四年级的孩子对于网络有了更多的了解,已经有能力单独进行一些网络行为。但是由于网络安全意识的缺乏,很多孩子在接触网络之后面临许多网络安全的威胁,例如:沉迷网络,荒废学业,影响身心健康;个人隐私、财产和人身安全受到威胁;接触不良内容,思想和观念受到误导。因此如何让孩子更好地认识网络,树立网络安全意识,学会正确利用网络,自觉防范网络安全威胁和不良信息的侵袭,对孩子的上网行为进行监管和保护,是摆在父母面前非常棘手的问题。

为了引导孩子安全上网,父母应该在孩子刚开始使用网络的时候就制定明确的网络使用规则。具体包括以下几个方面。

健康上网规则

规定每天上网的时间以及网络操作的规范。比如:每次在电脑屏幕前不要超过1小时;眼睛不要离屏幕太近,坐姿要端正;屏幕设置不要太亮或太暗;使用电脑后做眼保健操。

上网内容规则

明确规定上网可以做的事情和不能做的事情。比如告诉孩子不能单独在网上购物,一旦在网上看到奇怪的或者让自己觉得不舒服的内容,立刻关闭网页，并且在第一时间告诉父母或老师。

上网隐私规则

不要随意告诉他人自己的真实姓名、电话号码和学校名称等信息；不要随意把自己及家人照片发给其他人；不要在网上泄露家庭地址、银行卡信息；等等。

上网保护原则

如果收到故意冒犯、恶意中伤或带有威胁性、骚扰性的电子邮件，不要回复，马上告诉家人。不经父母的允许，不要去见网友，更不要单独去见自己不熟悉的人。

除了告知孩子上述的网络安全知识，父母还要对孩子的网络行为有一定的监控，比如将电脑放在家庭开放的区域，通过沟通了解孩子日常上网都做哪些事情，对孩子的上网情况有一定的掌握。也可以通过技术手段监督保护孩子的上网行为，比如通过在孩子的电脑上安装杀毒软件及拦截软件来保障孩子的上网安全。

第 3 章
孩子的社会体验

1. 孩子的社会责任感培养并非次于学业

寒假结束前一天，小米的老师在班级群里发布了一个消息，希望有同学自愿报名，到学校和老师一起打扫班级的卫生，准备迎接新学期。看到消息后，小米特别想去帮忙，她非常高兴可以跟老师一起把教室打扫干净。但是小米的妈妈却没有同意小米报名。妈妈对小米说："你们班那么多同学，老师只需要几个人帮忙，即使你不去，也会有其他同学去的，放心吧！"小米听到后心里非常不舒服。

有的家长觉得没必要让孩子在这种服务别人的事情上浪费时间，就像小米的妈妈一样，她觉得总会有其他同学帮助老师，想让自己的孩子好好休息或者多看看书。儿童的社会责任感教育在家长心目中的地位可能远远比不上学业。但实际上，具备强烈的社会责任感不仅对个体的人格健康发展具有重要意义，对社会的健康发展也具有重要意义。因此，对正处于身心发展关键期的小学生进行社会责任感教育非常必要。

社会责任感是指社会个体对社会公共生活所承担责任的合理认知和评价，

并体现在情感和行为之中的一种个性心理品质。培养小学生的社会责任感是非常必要和重要的，孩子终究是要走入社会的，没有人可以脱离社会群体独自生活，所以处于群体中的个体就需要学会对其他人负责、对社会负责，家长要培养孩子具备一定的团体精神、奉献精神和服务精神。

在培养孩子的社会责任感方面，家长需要考虑以下几个方面。

首先，让孩子明白自己的社会责任是什么

小学生的社会责任包括：对自己的责任、对他人和集体的责任、对家庭的责任、对国家和社会的责任、对环境和自然的责任。在行为上，对小学生的要求更多的是要从自己身边的小事做起，关心集体，帮助同学，爱护校园，感恩父母，诚实守信，能够对自己的行为负责，也能够对身边的人负责。

其次，强化责任认知和责任情感教育

社会责任感在结构上划分为责任认知、责任情感和责任行为。这三个部分对于小学生来说，发展是不均衡的。要求他们做具体的责任行为是比较容易的，但对行为背后认知和情感的培养是相对较难的。孩子上三年级之后，随着其认知能力的进一步发展，以及情感的日益细腻和深刻，家长可以让孩子在做出责任行为的时候，也在认知和情感层面体会到责任行为的意义。

以上文小米的例子来讲，小米很高兴去帮助老师打扫教室，但后来没去成，心里就觉得非常不舒服，这就是一种典型的责任情感，说明小米已经有了主动的责任认知，她知道自己应该帮助老师，也非常愿意帮助老师。责任认知和责任情感是做出持续责任行为的动因。而在三年级之前，孩子的责任行为或者是被家长要求的，或者是自己无意识中产生的，这样的责任行为比较偶然，不可持续。因此，在孩子做出责任行为的同时，家长也要注意培养他们的责任认知和责任情感。

最后，要努力探索培养孩子责任感的生活小技巧

做家务是培养孩子责任感的方式之一。选择适合三、四年级孩子做的家务，内容不能太烦琐以至于孩子完不成，也不能太简单以至于谈不上责任。孩子的家务劳动应难易适中，而且要根据孩子当前的发展水平而定。

不要总是将物质奖励作为树立责任心的动力。如果让孩子觉得自我服务或服务家人可以得到某种好处，其行为就不是出于责任心了，而是受利益驱使。比如有些父母对孩子做家务会奖励不同数额的零花钱，久而久之孩子就会觉得自己做这些必须得到物质奖励。因此要淡化有形的物质奖励，代之以精神的鼓励和勉励，比如以爱的拥抱、语言反馈等形式让孩子明白他做的这些劳动是值得肯定的。

不要因为孩子做得不好就代劳。比如孩子洗自己的毛巾时总是洗不干净，家长就拿过来帮忙洗，这样几次之后，孩子很有可能就不愿再自己洗毛巾了。孩子一旦发现他"表现无能"就可以逃避做自己必须做的事情，他就会有意地"表现无能"，以此来逃避责任。

跟孩子讲明后果，并让其承担后果。一旦确定某个责任是孩子的，家长就一定不要帮忙或代劳。即使孩子有所疏忽，家长也应"熟视无睹"，由此导致的后果是一种颇具警示性的惩罚，会让孩子明白承担责任的重要性。比如孩子没有保管好自己的学习用品，导致上课时无法完成相关学习任务，那就要让孩子自己想办法解决。

拓 展 阅 读

儿童责任感的三个发展阶段[①]

第一阶段是强制性责任水平。此时幼儿把承担某一任务的责任看成毫无疑问必须完成的事情，但并不理解责任的内涵，他们强调的是公认的外在标

[①] 毋丹丹. 中小学生社会责任感调查研究[J]. 中国德育，2015（4）：20-24.

准和要求。

第二阶段是半理解责任水平。这一阶段，儿童逐渐摆脱成人权威的约束，在一定程度上基于对责任的理解，以及责任对他人、集体、社会的重要性而做出判断。但这种理解尚不全面、深刻，还没有形成信念。

第三阶段是原则的责任水平。这一阶段的儿童基本摆脱了对成人权威的畏惧，不仅能评估不负责任的后果，而且还考虑其间接、长远的影响。这一阶段儿童的责任感已经内化为自身的价值标准，不易受外界因素的干扰。

2. 做节约环保小卫士

随着全球环境问题的日益突出，环境保护教育成为公民教育非常重要的一部分。从未来和长远的角度考虑，提升孩子的环保意识对于个人来说，是一种助力梦想的方式，也是一种促进个人素质培养与提升的重要途径。因此，家长必须适应时代的要求，从小就培养孩子的环保意识。家长们可以从以下方面进行尝试。

恶劣天气不要"错过"

家长可以利用一些恶劣天气增强孩子的真实体验，让他们感受到保护环境的重要性。比如雾霾天气到来的时候，家长可以询问孩子在雾霾天里的身体感受和情绪感受，让他们观察有害物质在戴过的口罩上的残留，了解雾霾的危害。在因为雾霾而不能到户外活动的时候，孩子或许更能体验到雾霾的影响。

环保习惯从点滴做起

家长可以在日常的生活中，从各个方面培养孩子的环保行为习惯。比如培养孩子节约用水用电的习惯，要求孩子珍惜食物避免浪费，尽量减少使用一次性餐具，坚持垃圾分类投放，坚持绿色低碳环保出行。这些虽然都是很小的生活细节，但也是重要的环保习惯。如果孩子都可以做到，说明孩子的环保意识越来越强。

另外，父母也可以设计一些相关的活动，让孩子去做。如为了让孩子直观地感受浪费水资源的坏处，可以尝试让孩子在水龙头滴水的状态下，记录2小时能用桶接到多少水。还可以让孩子自己记录一些数据，如在尽量节约的情况下，每个月可以少用多少卫生纸，让孩子更深刻地体会到节约和环保的重要性。诸如此类的活动有着更加直观和生动的教育效果，孩子直接参与其中也会有更高的积极性。

记住与环保有关的特殊日子

家长可以利用一年一度的植树节、地球日、世界环境日、世界粮食日等环保方面的节日，对孩子进行主题环保教育。家长一般会跟孩子过儿童节、劳动节，也会一起庆祝春节、中秋节等传统节日，但是对于以上这些环保节日却鲜有关注，也很少做一些有意义的环保活动。因此，需要逐步改变这种情况。比如：植树节的时候，家长可以带孩子一起去栽种一棵树，然后定期养护；在世界地球日的时候，与孩子一起观看保护地球的影视节目，如电影《流浪地球》等，让孩子意识到地球是我们人类与动植物共同的家园，要保护环境，守护我们共同的家园。每一个与环保有关的节日都是环保教育的契机，家长一定要充分利用。

3. 公益活动不是"一时",也不是"一事"

梓阳的学校最近举办"公益爱心周"活动,其中一项是同学们自愿为贫困山区的小朋友捐书。梓阳回到家之后跟父母说了这件事,本想自己亲自为小朋友选书,并且在每本书上写一段祝福的话送给贫困山区的小朋友。但梓阳的父母觉得做这些事太浪费时间,会耽误学习。于是父母就让梓阳不用再管,父母替他准备。实际上梓阳的父母并没有特别在意这件事,第二天早晨随便从梓阳读过的书里捡了几本,替梓阳拿到了学校。梓阳不知道自己捐了哪些书,也不知道自己捐书的行为有什么意义。总之,梓阳糊里糊涂地参加了一次公益活动。

生活中确实有一些家长像上文讲述的梓阳的父母一样,仅仅把公益活动当作一个任务来完成,认为让孩子参加公益活动会耽误孩子宝贵的学习时间,或者觉得孩子还太小,没必要让这么小的孩子为社会和他人做贡献。

对于小学生来说,道德认识只有在亲身经历后才能更深刻。参与公益活动能让他们学会助人,养成行善的习惯,是小学生公民道德教育的重要途径。许多国家规定学生每学期参与社会公益活动要达到一定的小时数,并作为学期考核的重要方面。目前,我国也将公益实践活动作为小学阶段培养学生素质的重要内容。所以公益活动是小学生公民道德教育的良好平台,家长应创设条件让孩子多参与公益活动,有效培养孩子的公益意识。具体来说,家长可以从以下几个方面做起。

首先,引导孩子正确理解公益,形成正确的公益认知

要让孩子理解什么是公益,知道哪些行为是公益行为,通过对公益概念的理解,认识到公益行为的价值和意义。北京师范大学文化创新与传播研究院公益教育研究项目组在2010年9月至12月的调查中发现,有70.9%的小学生认为"帮助父母做家务"就是公益,45.3%的小学生认为"帮助好朋友

做值日"就是公益，还有 3.5% 的学生认为"把作业借给同学抄"就是公益。可见，当时很多小学生对于什么是公益还缺乏正确的理解。

家长让孩子参加一些公益活动的时候，要引导孩子认识公益行为的性质和意义，加深对公益的正确认知。在上文提到的梓阳的例子中，如果梓阳的父母适时地跟孩子讲述一下贫困山区孩子的生活现状，告诉梓阳为什么要这么做，这么做会给山区的孩子带来什么，然后与梓阳一起选择图书，商量哪些书更适合那里的孩子看，这样才是一次完整的、有意义的公益行为。

其次，孩子的公益行为应系统深入，不能仅停留在表面

家长让孩子参加公益活动前一定要先行了解活动的目的和涉及的一些知识，把活动中的注意事项跟孩子交代清楚。特别是要让孩子明确，公益活动不是去游山玩水，不能只顾着和小伙伴们凑在一起看热闹、一起追逐嬉闹，而忘了活动的真正目的。活动结束后，家长要跟孩子一起做总结，让孩子分享自己的感触和想法，并鼓励孩子做些记录。比如通过这次活动，自己学到了什么，有哪些想法。这种记录对于三、四年级的孩子来说最开始可能会有一些困难，但是只要坚持引导，孩子就会慢慢理解，学会总结和反思。

最后，应率先垂范，用自己的实际行动影响和教育孩子

家长可以利用休息时间带着孩子一起拜访社区独居的老人，清理楼道，捡拾绿地、公共场所的废弃物，等等。做这些事要有连续性。有些父母是社会福利院的志愿者，会定期到福利院照顾孤儿，带孩子一起参加可以慢慢让孩子了解到还有那么多孩子没有爸爸妈妈的陪伴，让孩子看到父母对孤儿的关爱和照顾，耳濡目染，孩子会受到教育和影响。

第4章
孩子社会交往的几个方面

1. 孩子的文明旅游与中国国际形象息息相关

随着人民生活水平的提高，越来越多的人会前往海外旅游，其他国家和地区著名的旅游景点和消费场所随处可见中国人的身影。父母带孩子出国游玩的时候一定要意识到自己和孩子作为中国公民，作为中国社会的一员，担负着塑造和维护中国国际形象的重要任务。

和孩子一起文明旅游，具体需做到以下几点。

（1）维护环境卫生。不随地吐痰，不乱扔废弃物，不在禁烟场所吸烟。

（2）遵守公共秩序。不喧哗吵闹，遵守排队秩序，不扎堆挡道，不在公众场所高声交谈。

（3）保护生态环境。不踩踏绿地，不摘折花木和果实，不追逐、投打、乱喂动物。

（4）保护文物古迹。不在文物古迹上涂刻，不攀爬、触摸文物，拍照摄像遵守规定。

（5）爱惜公共设施。不污损客房用品，不损坏公用设施，不贪占小便宜，节约用水用电，用餐不浪费。

（6）尊重别人权利。不强行和他人合影，不长期占用公共设施，尊重服务人员的劳动，尊重各民族宗教信仰。

（7）以礼待人。衣着整洁得体，不在公共场所袒胸赤膊，礼让他人，不讲粗话。

（8）尊重当地文化习俗。总体上的建议是，旅游期间要遵守最基本的文明礼仪和当地的习俗，不违反当地的文化禁忌。

国民素养是现代化的基石，美国社会学家英格尔斯在《人的现代化》中写道："一个国家，只有当它的人民是现代人，它的国民从心理和行为上都转变为现代的人格，这样的国家才可真正称之为现代化的国家。"但提升国民素养不是一朝一夕的事情，要想从根本上提升国民素养、塑造更好的国际形象，应该从娃娃抓起，他们担负着向国际社会展示崭新的国家形象的使命。

2. 家国情怀需要培养

我爱这土地

艾 青

假如我是一只鸟，

我也应该用嘶哑的喉咙歌唱：

这被暴风雨所打击着的土地，

这永远汹涌着我们的悲愤的河流，

这无止息地吹刮着的激怒的风，

和那来自林间的无比温柔的黎明……

——然后我死了，

连羽毛也腐烂在土地里面。

为什么我的眼里常含泪水？

因为我对这土地爱得深沉……

《我爱这土地》是我国诗人艾青的著名诗篇，表达了诗人深沉的、浓烈的爱国主义情感。孩子到了三、四年级这一小学中期阶段，知识水平和认识能力有了很大提高，"祖国"这个概念在他们的心目中已经有了更丰富、更充实的内容。这时，父母应该帮助孩子形成坚定的爱国主义信念。

具体来说，对孩子进行爱国主义教育要注意以下几点。

在态度上，父母必须表现出浓烈的爱国主义情怀

父母对孩子进行爱国主义教育，自身必须厚植爱国主义情怀，用自己真挚的爱国主义情感，对孩子实施无声的教育。孩子热爱父母，父母热爱祖国，在这样的背景下孩子才会把对父母的感情和对祖国的感情统一起来。

在内容上，可通过多方面的体验进行引导

孩子对祖国的热爱可以体现在热爱自己的家乡上。父母可以带着孩子到家乡四处走一走，讲讲家乡的发展历史和名人故事，参观博物馆和烈士纪念馆，让他们深刻感受到家乡的美丽，了解英雄前辈的感人故事。对祖国的热爱也可以体现在热爱祖国的大好河山中。通过带孩子旅游，让孩子领略并热爱祖国各地瑰丽壮观的美景。对祖国的热爱还可以体现在热爱中国共产党、热爱社会主义上。父母可以给孩子讲国旗、国徽的含义，讲述党史、新中国史、改革开放史、社会主义发展史，让孩子知道，是中国共产党领导人民浴血奋战，才成立了中华人民共和国，人们才有了今天幸福美好的生活。

在形式上，可通过多样的爱国主义素材进行熏陶

父母可以用著名的爱国人物进行榜样教育。可以利用中国的传统节日对孩子进行传统文化教育，春节、清明节、端午节、中秋节、重阳节等传统节日蕴含了丰富的民族文化。还可以利用优秀的书籍、影片进行爱国主义教育。虽然三、四年级的孩子抽象理解能力有所增强，但是他们依然不喜欢简单的说教，他们更适合通过一些内容丰富、生动形象的教育素材去体会对祖国的情感。

3. 不可或缺的传统文化教育

2019年的春节，兰兰和爸爸每天晚上8点都要准时坐在电视机前，观看一档春节期间非常火爆的节目——《中国诗词大会》。这档节目以"赏中华诗词、寻文化基因、品生活之美"为宗旨，力求通过对诗词及相关知识的比拼及赏析，带动人们重温那些曾经学过的古诗词，分享诗词之美，感受诗词之趣，从古人的智慧和情怀中汲取营养，涵养心灵。节目已经连续播出4年，兰兰和爸爸每一季的每一期都没有错过。观看的时候兰兰和爸爸互相交流，跟电视上的选手一起答题，还互相比赛看谁能答对，看得非常开心，也非常有收获。

节目里有很多经典诗词，一些是兰兰学过、背过的，可以让兰兰重温，有一些是兰兰初次接触的，通过节目嘉宾的讲解兰兰增长了知识。兰兰的爸爸觉得这样的节目非常有意义，鼓励兰兰多学习一些中国的经典诗词。

中国有五千年的光辉历史，丰富的传统文化中蕴含着东方文明的哲学智慧、厚德载物的人文思想、自强不息的进取精神、忠孝节义的道德修养、坦荡真诚的人格力量等等。因此父母要对孩子进行传统文化教育，培养孩子传承中华优秀传统文化基因的自觉性和积极性。

父母对孩子进行传统文化教育可以考虑采用以下几种形式。

首先，多背诵经典诗词或名家名句

小学阶段是学生学习压力小、记忆力好、心灵简单纯粹的阶段，三、四年级这个年龄段的孩子可以多背诵一些经典诗词和古圣先贤的文章，接受古典文化的熏陶，学习圣贤的品格和智慧，慢慢就可以体会到传统文化的精华所在。

其次，在博物馆里见证历史

父母可以带孩子到当地各种类型的博物馆以及其他地方的博物馆进行参观学习，并当好孩子的"导游"。每一个博物馆都有着独特而深厚的文化，在带孩子去之前，父母应该要做足功课，了解相关知识，这样带孩子参观的时候就可以很好地跟孩子讨论，提出有趣的问题，解答孩子的疑惑，有意识地让孩子了解某些特别的展示内容。

最后，安排一些传统节日习俗活动，营造浓厚的传统文化氛围

传统节日里，父母可以带孩子做一些有意义的活动，如清明祭扫先烈、端午学包粽子、中秋制作月饼、重阳登高赏菊等，让孩子从中感受独特的传统习俗文化，感受中华优秀传统文化的魅力。

父母随笔